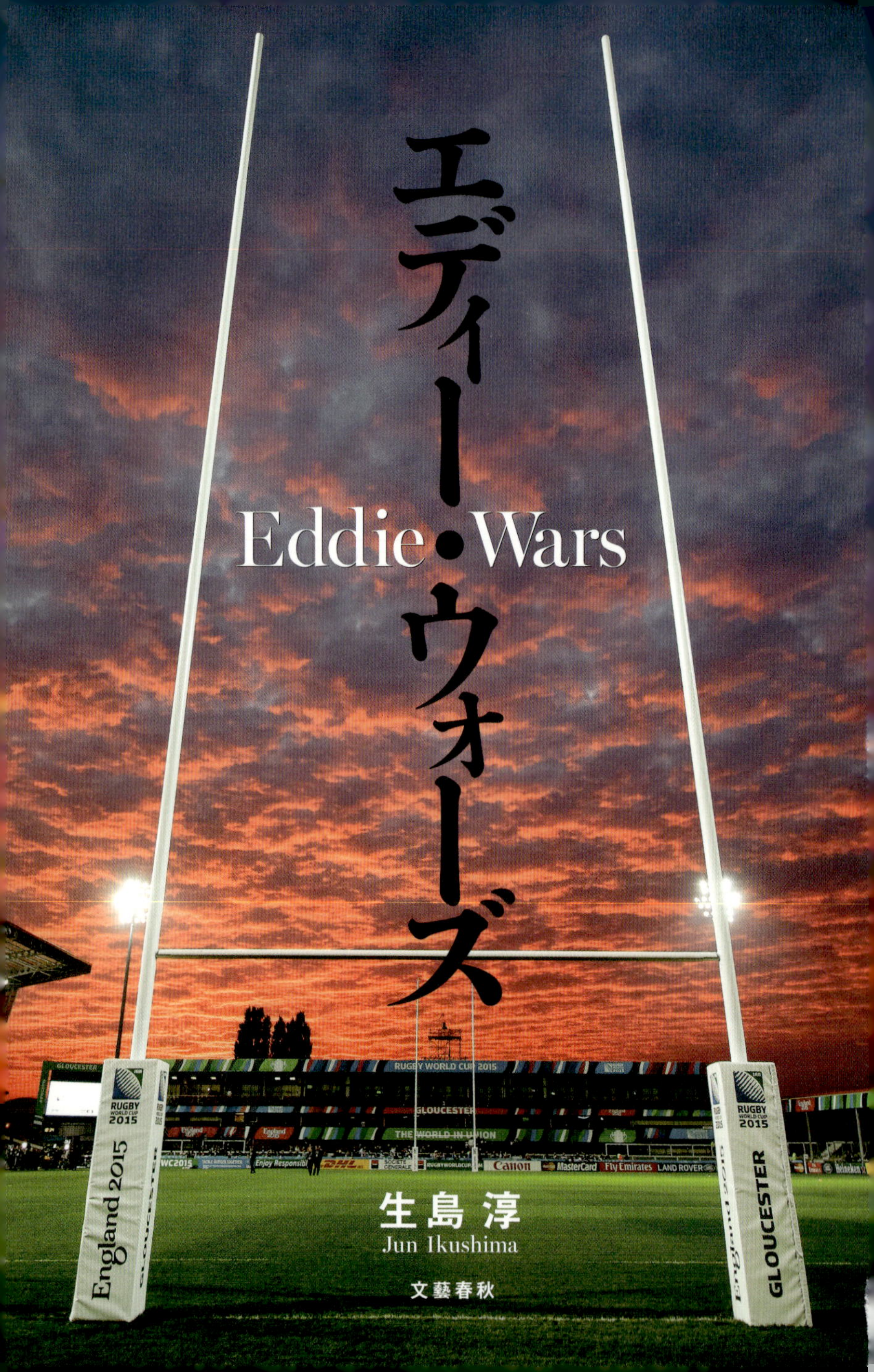

エディー・ウォーズ

Eddie Wars

生島 淳
Jun Ikushima

文藝春秋

エディー・ウォーズ

Eddie Wars

目次

プロローグ 8

第一章
エディー・ジョーンズ
Eddie Jones 11

第二章
マインド・ゲーム
Mind Game 33

第三章
スーパーラグビー・クライシス
Super Rugby Crisis 53

第四章
ボーダーライン
Boder Line 77

第五章
カウントダウン
Count Down
103

第六章
ゲーム・デイ
Game Day
133

第七章
ドリームズ・カム・トゥルー
Dreams Come True
155

第八章
ラスト・デイズ
Last Days
183

第九章
オン・ザ・ウェイ・ホーム
On The Way Home
205

エピローグ
228

FOLLOW
@JRFUR
#JapanW

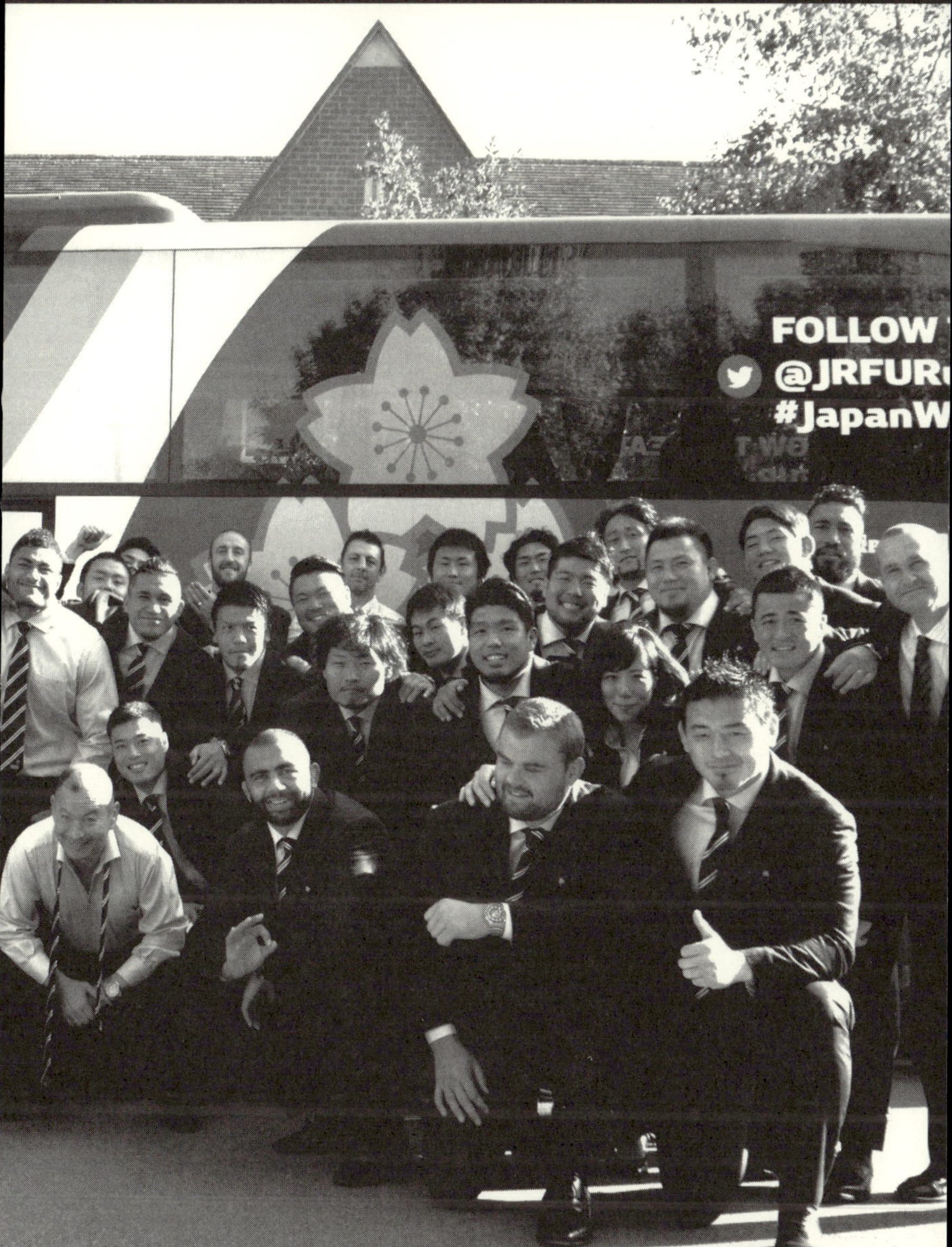

Kyodo

W杯を終え、4年ともに過ごしたファミリーの解散を前に、記念の一枚

装丁　　　　番　洋樹
カバー写真　赤木真二（エディー・ジョーンズ、リーチマイケル、
五郎丸歩、マイケル・ブロードハースト）／文藝春秋写真部
化粧扉写真　桃園丈生
DTP　　　　エヴリ・シンク

エディー・ウォーズ

Eddie・Wars

プロローグ

エディーは激怒した。

「どうして、アイツらはスクラムを組んでいるんだ！」

湧きあがる激情をどうしても抑えることが出来ず、エディーは思ったままのことをコーチボックスで叫んだ。

さっき、ペナルティをもらったとき、「テイキング・スリー！　テイキング・スリー！」、3点を狙えと吠えたではないか。騒然としたスタジアムの雰囲気のなか、選手たちは自分の指示を無視してスクラムを組もうとしている。

南アフリカを相手にしてスコアは29対32、残り時間は少ない――もう2分を切っている。せっかくいい位置でペナルティを得たのに、トライを狙いにいくのはギャンブルだ。キックで3点を狙えばいいじゃないか。スプリングボクスと引き分けだぞ。ああ、それなのに、なんということだ。W杯という大舞台で、南アフリカとの名誉ある引き分けが、勇気ある敗戦に変わ

ろうとしている。エディーはやり場のない怒りを通訳の佐藤秀典にぶつけた。

「ちゃんとペナルティを狙えと伝えたのか？　どうなんだ！」

佐藤も負けずに言い返してきた。

「伝えてます！」

コーチボックスはエディーにとって戦場だった。想像を超えた展開に、その場にいる全員が殺気立っていた。

78分40秒の時点でジャパンは反則をもらっていた。角度は難しいが、今日の五郎丸歩の調子なら十分に決められる。ところがリーチはその時点でボールをタッチに蹴り出し、ラインアウトからトライを狙いにいくと決断した。「何を考えてるんだ！」。エディーは怒りに任せて無線のヘッドセットを投げつけ、ボックスの背後にある部屋に行き、机を壊さんばかりに叩いた。

違う、違うぞ。常識を働かせろ！

ピッチの選手たちは、常識が通じる状態ではなかった。ジャパンはラインアウトからモールを押し込んだがトライは認められず、スクラムになった。そのスクラムで南アフリカは反則を犯した。さっきのペナルティよりもゴールポスト寄りだし、3点を狙うには絶好の位置だ。あ、なのにリーチは今度はスクラムを選択している。もう、自分の意志をキャプテンのリーチマイケルに伝える術《すべ》はない。賽《さい》は投げられたのだ。

なんと忌々しい。重要な場面で、自分の思いを選手にダイレクトに伝えられないとは……。

ラグビーというスポーツは最終的に選手の意志、自主性が勝敗を分けるとはいえ、自分の人生を懸けた試合でこんな場面に遭遇するとは想像すらしていなかった。

FWの選手たちは自分たちの結束を確かめるようにして、パックを固めている。

エディーは右手に小さなノートを持ちながら、腕組みをした。

怒りをぶちまけたときよりも、落ちついてはいた。呼吸も整ってきた。

みんな、その力を思う存分発揮してくれ。

あの、地獄のような練習はこのためにあったのだ。

私は運を天に任せようとは思わない。

この試合を、君たちに託そう。

エディーは大きく息を吐き、念じた。

息子たちよ。頑張れ。頑張るんだ!

レフェリーの「セット!」の合図で両軍のFWがクラッシュすると、大歓声が湧きあがった。

第一章 エディー・ジョーンズ Eddie Jones

彼は人間の何を見ていたのか？

Tadashi Shirasawa

エディー・ジョーンズの一日は朝四時半から始まる。その時間に起きて、意識がクリアになってくると、頭に浮かんだことをベッドサイドにあるメモパッドに書きつけておく。ラグビーの戦略面でのアイデア。自分が為すべきこと。そして、スタッフへの依頼事項をどんどん書いていく。すべて手書きである。

ベッドから起き上がって身支度を整え、五時半には外苑前のジャパン・オフィスに到着して本格的に仕事をスタートさせる。メールのやり取りや書類などに目を通して仕事を片付けると、七時前には青山にある「リビエラスポーツクラブ」に向かう。ワークアウトはエディーにとって重要な時間だ。

まずはステーショナリー・バイクを漕いでウォームアップをしてから、腹筋や背筋などの筋力トレーニングをこなしていく。

現役時代は、サイズには恵まれなかったものの、フッカーとしてオーストラリア代表であるワラビーズ入りを目指した人間だ。自分を追い込むことが好きだったし、そこから得られる満足感がエディーは好きだった。

シャワーを浴び、「じゃあね」とにこやかにスタッフに挨拶してからエディーはオフィスに戻る。ここでも時間を無駄にすることはない。

すでにその時間には、日本代表の総務担当である大村武則もオフィスに到着して、エディー

からの宿題を済ませている。大村は前任のジョン・カーワンの時代から総務の仕事をしており、「ＪＲ」というニックネームで呼ばれている。移動のためのＪＲや飛行機のチケットを用意する任務が多いからだ。

エディーは八時半ころにオフィスに戻ると、すぐにスタッフとミーティングを行う。もしも、エディーが前夜、就寝前に出していた宿題がクリアされていなかったとしたら――。エディーは叱責することを厭わなかった。大村も何度か、そうした憂き目に遭った。

「スピード感がない。それでも、インターナショナル・レベルのマネージャーと言えるのか？」

容赦なく、言葉の矢が飛んでくる。

エディーは常に、ひとつのプロジェクトを達成するためには、「誰をバスに乗せるかが重要なんだ」ということを力説していた。

世界のトップ10に入る。この目標を達成するためにはスタッフ、コーチのクリエイティビティが欠かせないのだ。

エディーは実体のあるチームを作るために、様々なスタッフを呼び寄せた。二〇一二年から日本代表のメンタルコーチに就任した荒木香織は、何か「可視化」出来るものがこのチームには必要だと感じていた。

荒木自身は、大学を卒業してからも現役を続けた陸上のスプリンターで、その後、アメリカでスポーツ心理学の博士課程を修めた。シンガポールで教鞭をとっていた時期には、北京オリンピックで同国のセーリング・チームのメンタルコーチを務めた経験もある。日本に戻ってからは、教壇に立つ傍ら、弟がプレーするホンダラグビー部のメンタル面のサポートもした。そうした縁もあり、エディーから声がかかったのである。

荒木が「勝つ文化も何もないチームなんだから、目に見えることから始めないと」ということで、最初に取り組んだのは「君が代」をメンバー全員で歌うことだった。

メンタリティとは、目に見えないものである。しかし、目を閉じて瞑想に耽ったからといって、プラスになるものでもない。何も財産がないチームにとっては、とにかく行動すること、言葉にすること、目に見えることからスタートすることが肝心だった。

また、エディーは選手のストレングス、コンディショニング、そしてメディカルにも最高の人材を集めることを望んだ。

トレーナーに呼ばれたのは井澤秀典だった。

井澤は順天堂大学のラグビー部でプレーしたのち、アメリカン・フットボールの鹿島ディアーズのトレーナーを皮切りに、バレーボールのデンソー、サッカーの東京ヴェルディ、男子プロゴルフツアーなどで選手の身体をケアしてきた。

二〇一〇年には春口廣がラグビー部長として復帰した関東学院大学のトレーナーとなって、現役でプレーしていたとき以来、久しぶりにラグビーの現場に復帰する。翌年は女子プロゴルフツアーに移るが、一二年にエディーから声がかかった。まず、面接があった。

井澤は現場を離れていたこともあってラグビーについての先入観もなく、まっさらな状態でエディーとの面談に臨んだ。それでも、礼儀だと思ってエディーの経歴を調べてみると、世界の最前線で戦ってきた人物だということは分かった。

インタビューを受けるべく、初めてエディーの前に出たときに印象深かったのは、その「眼」だった。

優しい眼をしている。しかし、その中に人を見透かすような眼力を感じた。自分がじっくりと観察されているような圧力を感じた。

井澤は仕事柄、たくさんの指導者に会ってきたが、エディーには独特のオーラがあった。誰に近い、と問われれば、ヴェルディの指揮を執っていたオズワルド・アルディレスにいちばん近かったかもしれない。確固たる独自の世界観があり、揺るぎのない判断基準を持っている。

実際、面接での質問は仕事から離れ、人間性についての問いが鋭かった。

「自分自身をどういう人間だと思いますか?」

と訊いたかと思えば、「選手から見たあなた自身はどういうイメージだと思いますか?」と

いう心理分析的な質問が次々に飛んでくる。そして、仕事に関しては直截的に訊ねてきた。

「あなたは、トレーナーとして何が出来ますか？」

井澤はこう答えた。

「トレーナーとして何が出来るのか、と訊かれれば、僕自身はいろいろなチームに関わってきた経験のなかで、何でも出来ます」

そして、こう付け加えた。

「ただし、それが全部スペシャルというわけではないかもしれません。言ってみれば、僕はファミリー・レストランみたいな感じで、いろいろなメニューがあり、どれもそこそこ美味しいです。そういうトレーナーだと思います」

それでもエディーは食い下がってきた。

「では、そのなかでは、どれがいちばん美味しいんですか？」

この人は粘る人だ。本物に違いない。

井澤はチャレンジしてみたいと思ったし、エディーはインタビューの席上、率直な井澤の物言いが気に入った。

外国人コーチの多くはエディーの昔からの馴染みの人物だった。ディフェンスコーチのリー・ジョーンズはエディーの一歳年上で気心の知れた間柄である。ＦＷコーチに就いたス

ティーブ・ボーズウィックは、エディーがイングランドのサラセンズにいたときのメンバーであり、〇八年二月から一〇年まではイングランド代表のキャプテンを務めていた。コーチとしてのキャリアはなかったが、エディーはボーズウィックの指導者としてのポテンシャルを見逃さなかった。

異色なのは、スクラムコーチのマルク・ダルマゾだった。かつて、フランス代表のフッカーとしてプレーしたダルマゾは、スクラムの研究に人生のすべてを懸けており、彼の辞書に「押される」「崩される」という単語はなかった。「押す」「圧力をかける」という能動的な言葉しかなかった。

エディーは友人がフランスに住んでいることもあり、フランスにおけるスクラムの重要性、いや、スクラムへの「信仰」を目の当たりにしていた。ジャパンのスクラムを強化するためには常識に囚われた人物ではいけない。何か際立った特徴を持つコーチを探していた。実際に、四人のフランス人コーチが候補に挙がったが、エディーが選んだのはダルマゾだった。

後にダルマゾの通訳を務めることになる福本美由紀は、エディーに「なぜ、彼を選んだんですか？」と訊ねたことがあった。エディーの答えは簡潔だった。

「残念ながら、日本にはスクラムで勝つ、スクラムで勝負をかけるというカルチャーがないんだ。国内は別だが、インターナショナルの試合では『押されても仕方がない』というメンタリ

ティになっている。これじゃ、試合をする前から負けるに決まっている。では、どうしたらスクラムで勝つというカルチャーを作れるのか。何か、クレイジーなくらい、強烈な個性が必要だった。だから、マルクを選んだ。彼ならＦＷのマインドセット、心構えを変えてくれる。そう信じたんだ」

ダルマゾは規律を重んじるエディー・ジャパンにあっては「異分子」だった。もともとはフォアグラ農家の長男に生まれ、アングロサクソン系のエスタブリッシュメントがいまだ色濃く残るラグビーの世界から見れば、それだけでも毛色が変わっている。加えて、個人の自由を尊重するフランスで生まれ育ったとなれば、集団の和を乱しがちだった。たとえば、何時にどこに集合する、何を着るのかまで細かく規定されるエディーのチームでは、そのペースについていくのさえ、ダルマゾには青息吐息だった。

しかし、スクラムに関しては妥協を許さなかった。日本人であろうと、何であろうと関係なかった。スクラムで押されることは、ダルマゾのプライドが許さなかった。

エディーはダルマゾのエキセントリックな面を愛した。自分のチームにはイエスマンは要らない。異分子が人間を揺さぶることが必要だった。

エディーがそれまでの日本代表の外国出身の指導者たちと違ったのは、一九九六年から日本

の大学、クラブの指導にかかわり、日本との縁が深かったことである。また、日本人の血が四分の一流れているのに加え、多くの日本人に恩義を感じており、日本に対して恩返しをしたいという気持ちを強く持っていたことだ。

そして決定的な違いは、東京に住むことで選手たちのプレーぶりを逐一観察していたことである。これまでの指導者を振り返ってみると、カーワンはイタリアに住居を持っており、時間が出来ればヨーロッパに帰っていった。一方エディーは、秩父宮ラグビー場やジャパン・オフィスに近い場所に住み、すべてのジャパンの候補選手に対して目配りをしていた。いや、観察、吟味していたと言った方がふさわしい。

トップリーグの開催時期になれば、日本全国を回って選手たちのプレーを見る。全体像を把握するのはもちろんだが、エディーが主に担当していたのはグラウンド上の「ディシジョン・メーカー」として重要な役割を持つスクラムハーフ、スタンドオフだ。現代ラグビーではひとりのヘッドコーチではすべてを把握するのは難しいので、コーチたちにそれぞれの分野の権限移譲をする。ディフェンス、ブレイクダウンについてはジョーンズ、ラインアウトとキックオフについてはボーズウィックが責任を負った。そしてダルマゾがスクラム専任、エディーのサントリー時代の教え子である沢木敬介がバックスを担当していた。

トップリーグの試合が行われる週末には、現場に出掛け、ジャパン・オフィスには分析担当

の中島正太が張り付いて各チーム、選手の映像を分類していく。オフィスのパソコンには、トップリーグのすべての試合のデータが収まっていた。ただ、それだけでは意味がなく、中島がそれぞれの選手のプレーをタグ付けして、すぐに取り出せるようにしておく。膨大なデータがあるため、週末に中島の自由になる時間はなかった。

たとえば、エディーは遠隔地にいたとしても、手持ちの iPad でサントリーの試合を見て、ジャパンの司令塔でもある小野晃征のプレーで気になったところがあれば、中島にメールを送っておく。たとえば、

「晃征の前半25分と、後半10分のプレーをクリップして、彼に送ってほしい。そのとき、このメッセージを添えること」

と指示を出しておけば、週末、遅くとも月曜日には小野とエディーがディスカッションすることが可能になる。

とにかくスピードが勝負だ。体と脳がまだ記憶しているうちに、フィードバックして選手たちのパフォーマンスを少しでも上げなければならない。代表入りして安心しているような選手は要らない。世界のレベルに到達させるためには、ハッピーな状態にさせるつもりは毛頭なかった。

選手だけでなく、スタッフも決して「ハッピー」な精神状態にはさせないのがエディーの仕事の進め方だった。

大村がエディーと一緒に仕事を始めて気づいたのは、成功へのロードマップが頭の中にしっかり作られていることだった。「二〇一五年に世界のトップ10に入る」というとんでもない目標のために、やらなければならないことは無数にあった。しかし、どれから手をつけるべきか、その判断が素早かった。

「それはいま、ジャパンがベースで持っているものだ。いますぐに改善する必要はない」

「この課題は年間を通して取り組まなければいけないものだ。次の年にビルドアップしなければいけないのは、これとこれ」

「25パーセント以上効果が期待できないものに手をつけても意味がない。時間の無駄でしょう」

そうした課題抽出をしてから、「誰が」「いつまでに」、責任を持って仕事をするかを判断する。責任者と納期を決めるのだ。そこからは容赦がなかった。責任を負った人間に対しては、徹底的に追い込んで仕事をやり遂げさせる。見ようによっては、「恐怖政治」といっても過言ではなかった。エディーの辞書に「妥協」の二文字はなかったし、課題が見つかれば、どんな時間だろうと構わずに連絡した。

二〇一二年からエディー・ジャパンの広報に就いた渡邉まゆ子は、新聞社、サッカーJリーグの横浜F・マリノスなどで仕事をしてきた。一四年一月一日、エディーからメールがあり、開けてみて、驚いた。そこには「ハッピー・ニュー・イヤー」のひと言もなく、ただ用件だけが書かれていた。

「一九七〇年代、ジャパンが強かった時期のことを知るジャーナリストを探して欲しい」

エディーには正月も何も関係ない。W杯に向けての準備があるだけだ。当然のことながら、元日であろうとメールの返信が遅れれば、エディーにはフラストレーションが溜まる。渡邉は「明けましておめでとうございます」と書いてから、用件についての返信を出した。

二十四時間、三百六十五日、エディーは仕事に取り憑かれていた。

チームを作るにあたり、エディーが問題視したのは日本代表が一九九一年のW杯以来勝利がなく、選手のチームに対する忠誠心が低いことだった。招集されても海外の強豪国と対戦すれば、勝ち目はほとんどない。「代表に選ばれたから、それでいい」というレベルで満足している選手もいた。そのようなマインドセットでは、自分が要求するハードワークにきちんと応えることなど出来るはずもない。

プライド。

それが鍵だ。なんとしても日本代表でプレーすることに誇りを持たせなければならない。それには、何事にも前向きで、周囲の人間を巻き込みながら物事を進めていくキャプテンが必要だ。エディーはサントリーのヘッドコーチの経験から、適任者がライバルチームにいることを知っていた。

東芝の廣瀬俊朗《としあき》である。

サントリーと東芝は、同じ東京の府中市にあるライバルチームだ。エディーが率いたサントリーは南アフリカ代表のフーリー・デュプレア、サモア代表のトゥシ・ピシなど国際級のスター選手も顔をそろえ、徹底したアタッキング・ラグビーを志向してきた。一方の東芝は堅実なFWプレーを中心に、フィジカルを重視したラグビースタイルを特徴とする。エディーはジャパンを指導するようになってから、半分冗談で、東芝の選手たちに「それは東芝のプレーね、ダメ、ダメ、ダメ」と言うこともあった。

ただ、エディーはライバルの分析をしていくうえで、廣瀬という選手のキャラクターが日本代表に絶対に必要になると感じていた。大阪の進学校出身で、慶応義塾大学の理系で学んでいた。東芝では社員選手として活動している。プロ化が進んだラグビー界では、今や異色の経歴と言っていい。また、彼が東芝の主将に就任した直後に部員の不祥事が起き、ストレスフルな環境を乗り越えながら、東芝らしいカルチャーを作り上げた経験もエディーは評価していた。

彼なら、苦しいことでも誇りを持ってチャレンジしてくれるだろう。

エディーは二〇一二年三月十九日、新しい日本代表のメンバーを発表する席で、キャプテンとして廣瀬を紹介した。

「廣瀬は東芝のキャプテンとして、とても優れたキャプテンシーを発揮し、チームの力を大いに高めました。性格も細やかで、そうした彼の性質はこれからのジャパンに必要な要素です」

そこが出発点だった。

廣瀬は自らのキャプテンシーというものが、東芝時代に確立されていると自負していた。不祥事が起きたときには、「なんでまた、こんなタイミングで……。最悪だ」と恨んだときもあったが、後になってみれば、それもいい経験として捉えることが出来るようになっていた。

エディーから「キャプテンをやってくれないかね？」と申し出を受けたときは驚きもしたが、日本でもっともやりがいのあるチームに呼んでもらい、こんな光栄なことはないと気持ちが浮き立った。エディーはミーティングで明確に目標を打ち出し、「これだけハードワークすれば結果がついてくる」と言い切った。いくら練習がハードになろうとも、気にならなかった。廣瀬はライバルチームの主将としての経験から、その言葉を信じるだけの根拠がエディーにはあると実感していた。

そしてチームがスタートすると、エディーは廣瀬のキャプテンシーについては、小言を言う

こともなく、寛容に接してくれた。

それは何より、廣瀬がジャパンでプレーすること、そしてキャプテンとして仕事をすることに誇りを感じていたからだった。

エディーは、強いチームを作るためには強い組織を作る必要があると信じていた。コーチ陣には信頼できる人材をそろえ、そして選手たちにも責任を与えた。キャプテンを中心として、各ポジションごとのリーダーが集まり、「リーダーシップ・グループ」を形成してミーティングを重ねていった。廣瀬をはじめとしたリーダーたちは、具体的な目標を言葉にすることにした。エディーはW杯に向けて「歴史を変えるんだ」という言葉を再三再四使うことになるが、それも選手たちから生まれた言葉だった。

長年の日本でのコーチング生活を通して、エディーは日本の選手たちには自発的に「強くなりたい」「こういうチームになりたい」という意欲が薄いことに気づいていた。それは中学、高校、あるいは大学に至るまでゴールや目標といったものは、何もしなくても指導者から「与えられるもの」だと思っているからに違いなかった。考えようとしない選手は要らない。自分たちで考え、言葉を発していくようにならなければならない。

リーダーたちの立脚点になったのは、日本代表には敗北の文化しかないということだった。ましてや、一九九五年のW杯ではオールブラックスに１４５点も取られてしまった。その後は各

世代ごとに懸命にプレーしてきたが、〇七年、一一年の大会ではカナダと引き分けるにとどまった。なかなか勝ちに届かないのだ。世界から尊敬を集めるには、W杯の舞台で結果を残すしかない。廣瀬やリーダーたちの情熱が徐々に周りの選手たちにも波及し、意識が変わり始めた。

日本のラグビー選手たちの憧れの存在になろう。

そして、歴史を変えよう。

そのためには、ハードワークを惜しんではならない。

エディーは一年目には日本人の選手だけでチームを作ろうと考えていた。それがチームのプライドの醸成にもつながるだろうし、合宿に呼ばれなかった選手の刺激にもつながるからだ。

就任当初、候補選手をリストアップしている二〇一二年の段階で、「この選手は絶対に二〇一五年のW杯のスコッドに入ってくる」と確信を抱いた選手がいた。

東福岡高校三年生の藤田慶和《よしかず》である。高校生で七人制の日本代表に選ばれ、二〇一二年四月からは早稲田大学に進学する予定になっていた。

エディーは藤田を外苑前にあるオフィスに呼んだ。そして二枚のシートを見せた。

「その紙を見てもらえますか」

藤田がそれを手に取ると、そこにはふたつの世界ランキングが載っていた。ひとつはゴルフ。もうひとつは、テニス。それぞれの紙に一カ所、赤でアンダーラインが引かれていた。

石川遼。

そして、もうひとつは錦織圭だった。

エディーは藤田に質問した。

「ふたりのうち、日本国内で有名なのはどちらの選手ですか？」

「石川選手です」

石川遼は〇七年に十五歳、高校一年生で日本のプロゴルフツアーの大会で初優勝し、翌年にプロ転向。〇九年にはマスターズにも出場していた。多くのスポンサー契約もまとまり、ＣＭにもひっぱりだこの状態だった。

一方、錦織は一二年一月に行われた全豪オープンで初めてグランドスラムでベスト8に進出したところだったが、日本国内での知名度はまだそれほど高くなかった。広告で見た記憶もなかった。

エディーはまた質問した。

「ところで、ワールド・ランキングの高い方はどちらの選手ですか」

藤田は赤いアンダーラインを引いたところを見てみた。石川遼はワールド・ゴルフ・ランキ

ングで50位台だった。

対する錦織は、ATPランキングで18位となり、トップ20入りを果たしていた。

単純な比較は出来ないが、錦織の方が上であることは間違いない。エディーは言った。

「オーストラリア人はゴルフも、テニスも大好きです。でも、石川遼のことを知っている人は少ないでしょう。錦織のことなら知っています。世界のテニスファンなら、彼のことを知っているんです」

そしてエディーはグッと藤田の顔を見た。

「君は、どちらの選手になりたいですか？」

藤田の答えは、明白だった。

「錦織選手です」

エディーは、

「そうなることを期待しています。ハードワークしなければなりませんがね」

と微笑んだ。

藤田は希望に満ちた表情で、オフィスを後にした。

エディーは若い藤田には、優しい顔を見せた。そうした方が藤田が間違いなく成長すると考

えたからだ。しかし、それとは正反対の顔を見せることがあった。ウィングの山田章仁《あきひと》に対してはまったく違った接触の方法を採った。

二〇一〇年からパナソニックのウィングとしてプレーしていた山田は、慶応大時代から独特のボディーコントロールを見せる選手だった。体の使い方が日本人離れしていたのである。ラガーマンとしては珍しく長髪で、派手なスパイクを履くなど個性的な選手として知られており、アメリカン・フットボールでプレーすることにも野心を見せていた。その山田にも一二年に入ってからエディーから呼び出しがかかった。

いよいよ、ジャパンで自分の出番が来たか。山田は勢い込んでエディーのもとへ向かった。

しかし、エディーは歓迎の意を示そうともせず、山田にこう言った。

「あなたのようなスター気取りで、目立ちたがりのプレーヤーはジャパンでは必要としません」

エディーの奇襲に対して、山田は防御態勢を整えられないでいた。なおも言葉の攻撃はやむ気配を見せない。

「いいですか。くれぐれも勘違いしないように」

山田はひどく落ち込んだ。いったい、何のために呼ばれたんだ。期待されてるのか？　それとも……。日本代表でプレーすることは諦めたくなかった。ちくしょう、こうなったら実力で

いけない。

勝ち取ってやるしかない。でも、実力を認めてもらうには、エディーのルールに従わなくてはいけない。

山田はワイルドに伸ばしていた髪を切った。そして試合で使っていた黄色のシューズを履くのをやめた。これで認めてもらえるのなら、お安い御用だ……。

エディーのチーム作りの方針は一貫していた。未熟な選手が揃ったこの集団では、自分がすべてをコントロールし、世界と戦えるレベルまで持っていかなければならない。どれだけ能力が高かったとしても、セルフィッシュ、自分を優先させる人間はチームに呼ばない。きっと山田は、どんなことを言われたか、チームメイトや友人たちに話すだろう。それは山田を変えるだけでなく、自分のメッセージをラグビー界に発信することにつながる。

二〇一二年の春はフィジー、トンガ、サモアに僅差ながら敗れた。エディーは日本人だけで戦うことは難しいと思うようになってはいたが、日本の選手たちが25パーセント以上の成長が期待できるエリアを発見してもいた。

初動のスピード。そしてプレーの低さ。

実は、日本人が得意と見られていたその部分でのひ弱さが浮き彫りになっていた。その克服のために格闘家の髙阪剛《こうさかつよし》氏をタックルのコーチとして招聘した。

「中身はお任せしますよ」

エディーは穏やかにそう話した。エディーは「パーフェクショニスト」、完璧主義者だったが、すべてのことを自分がコントロールするのはさすがに無理だと知っていた。自分に可能なのは優秀なスタッフを選び、バスに乗せることだ。そのためにはラグビーの経験は問わない。「TK」こと、高坂のようなベストの人材を集めるのが自分の仕事なのだ。

あとは選手たちを徹底的に追い込む。W杯で勝つためには、フィットネスの強化を四年間続けていかなければならない。

エディーは選手たちに、反吐《へど》が出るほどの練習を課すつもりだった。

世界のベスト10に入るための練習がどんなものか身をもって知り、それをやり切った者だけがW杯の舞台に立てる。歴史を変えるためには、自分の限界を超えようとする人間の集団を作らなければならない。

第二章 Mind Game

マインド・ゲーム

「ジャパンの財産」とエディーに言われた22歳の藤田慶和

Yuka Shiga

藤田慶和は最初の合宿で、エディーから今後四年間にわたる目標を言い渡された。

「二〇一五年のW杯までに40キャップを取るんだ」

それはこれからの四年間、ほとんどのテストマッチに出場することを意味していた。エディーはそれまでの経験から、チームの先発十五人のキャップ総数が600を超えることが必要だと考えていた。

W杯という大舞台は、新人が活躍する場ではない。それまでテストマッチで十分に経験を積み、生き残ってきた選手でなければ戦えない。

エディーは大学生になったばかりの藤田をテストマッチで起用することにためらいはなかった。藤田は二〇一二年五月五日のUAE戦で初キャップを獲得し、順調なデビューを果たす。ところが、在学する早大に戻って左ひざの靭帯断裂の大けがを負ってしまった。エディーのプランは崩れた。

「藤田、君はジャパンの財産だ。ポジティブな姿勢でリハビリに取り組み、これまでよりも強くなってジャパンに帰ってきて欲しい。サポートは惜しまない」

藤田は手術、リハビリを終えて一三年の三月にはジュニア・ジャパンが参加したパシフィックラグビーカップの遠征に参加する。帰国すると、すぐその翌日にエディーから東京・西が丘にある国立科学スポーツセンターまで呼び出しがあった。

きっと、ジュニア・ジャパンのプレーについて、コメントしてくれるんだろうな。藤田は淡い期待を寄せていた。しかし、エディーは約束の時間になっても顔を出さない。時間厳守の人なのに、珍しいこともあるものだ。すると、エディーは厳しい表情で藤田のところにやってきて、遅れたことを詫びもせずに、いきなり本題に入った。

「この十カ月、何をしていたんだ？　成長が感じられないぞ。しっかり世界を意識してリハビリをやっていたのか？」

藤田はいきなり頭を殴られたような衝撃を受けた。返す言葉が見つからない。

「この十カ月は、まったくの無駄だったようだな」

エディーは吐き捨てるように言った。

「君がもう一度代表に入りたいのなら、もっと頑張らなければいけない」

エディーは突き離すようにして席を立ち、振り返ることもなかった。

取り残された藤田はとても悲しい気持ちになった。手術では痛い思いもしたし、術後も膝が動かないところからリハビリをスタートさせた。「これ、元通りになるのかな？」と疑心暗鬼になりながらも、信じて続けるしかなかった。自分の中では懸命に頑張ったつもりだったのだが、エディーの目からは違って見えたのだろう。

心を折られたといってよかった。そして同時に藤田はエディーの恐怖をはじめて身にしみて

感じざるを得なかった。

エディーにとって、これは藤田に対するテスト、「マインド・ゲーム」の一種だった。プロのコーチとして責任ある立場になってから、エディーは常に選手たちを精神的に揺さぶり続けた。これまでの観察から言えば、ハッピーになった選手は成長が止まる。それよりも、いったん精神的に停滞局面に入り、どん底から這い上ってきた選手の方が、とんでもない力を発揮するようになるのだ。この「落差」を作り出すのが自分の仕事だとエディーは信じていた。

藤田は若い。マインド・ゲームに対する経験値も低い。さて、この揺さぶりにあの若者は耐えられるだろうか？

藤田が不在の間、ジャパンは結果を残し始めた。二〇一二年十一月のヨーロッパ遠征ではルーマニアに勝ち、ジョージアにはノーサイド寸前にジャパンが連続攻撃を仕掛け、最後はスタンドオフの小野晃征がドロップキックを決めて25対22で勝利を収めた。試合終了後、エディーは興奮して、

「80分間戦ってきて、最後にあれだけ勇敢に攻められるのはジャパンしかないぞ！」

と選手たちを賞賛した。春、夏の合宿でフィットネスにかなり負荷をかけて練習を積んできたことが目に見える形で表れたのだ。試合が終わり、ジョージアの選手たちが疲れ切って倒れているのに対し、日本の選手たちが喜んでいる姿を見て、エディーは満足だった。

ハードワークに励んでいた選手たちは結果が出たことに充実感を覚え、ジャパンのカルチャーは変わり始めた。

人間、そしてチームというものは一年でずいぶんと変わる。しかし、成長はなだらかなものではなく、一気に上昇カーブを描く時期も必要だ。エディーは二〇一三年をそのように位置づけ、実際に日本代表にとってブレイクスルーの年となった。

パシフィック・ネーションズカップではトンガ、フィジーには敗れたものの、同格のカナダ、アメリカにはきっちりと勝利を収めた。そして六月にはウェールズを日本に迎え、初戦は4点差で敗れたものの、二戦目は23対8と完勝した。ウェールズは主力メンバーがブリティッシュ・ライオンズ（英国四協会の連合チーム）に参加していたため、一・五軍ともいうべき陣容だったが、エディーは逆にそれを見越して選手に自信をつけさせた。

メンタルコーチの荒木香織の目から見て、二〇一二年から一三年まで、選手たちは「上手く練習をするための練習」に甘んじていた。エディーの要求に対して、しっかりと反応出来ず、効果を最大限には高められない状態だったのだ。

日本人は部活動文化のなかで、指導者から言われるがままにメニューをこなすだけである。日本で目立つのは反復練習だ。十本走れと言われれば、選手たちは走る。三十本でも走る。し

かし、それは指導者の科学的な根拠に基づいているわけではない。「理不尽な中から何かが生まれる」という漠然とした理屈でしかなく、荒木は日本の指導者はハッキリと勉強不足だと思っていた。十代の選手たちは、根拠のない練習に振り回され、質問さえしなくなる。

たしかに指導者の目線から見れば、従順でいいかもしれない。しかし、脳味噌はまったく使っていない。自分の判断はなく、何のための練習か分からないままこなすだけで、結局、自分のものにはならない。

そうした風土で育ってきた人間が、双方向性を求めるエディーのコーチングを受けても効果的には消化できない。エディーに対しては質問なり、意見を出した方が建設的な関係を築くことが出来た。しかし、それを出来る選手たちは少なかった。代表であっても、コーチングを受ける能力に関して言えばその程度にしか過ぎなかった。

だからこそ、荒木は自分から選手に声をかけることはしなかった。メンタルトレーニングに興味を示したり、助言を求める選手たちがいて、初めて助言を与えるようにしていた。

「エディーさんは、何を求めてるんですかね?」

そうしたシンプルな質問でいい。自分で考えることが成長への第一歩である。

エディーの言葉を、どうプレーで体現していけばいいのか。どんな準備をするべきなのか。

一日の練習が終わって、良かったこと、出来なかったことを分析して、明日のターゲットを

決める。そうした細かい作業の手順、発想のヒントを与えた。解答を与えてしまっては、選手たちが自分のものに出来なくなってしまうからだ。そうすることで、エディーが仕掛けてくるマインド・ゲームへの耐性も高まるはずだった。

一般的にメンタルトレーナーというと、心に重たいものを抱えた人間を手助けするイメージがある。しかし、スポーツの世界では違う。マイナスのメンタリティをゼロに戻すのではなく、あくまで最高のパフォーマンスを発揮するための存在である。だから選手が能動的になる必要があった。

フルバックの五郎丸歩は、当初は声をかけてくる選手ではなかったが、エディーからの要求が高まるにつれ、情報の回路が開いていった。荒木に相談をもちかけ、特にジャパンの得点源であるプレースキックの精度を高めるための手法、その開発プロセスを荒木が手助けした。それによって生まれたのが「ルーティーン」である。

自主性が徐々に目芽えていく過程で、エディーとの衝突も必然的に起きた。

廣瀬たちは新しいサインプレーのコールを作り、それをエディーに報告しないままにミーティングを行った。ミーティングの開催が事後報告になると、エディーはこれまで見たこともない形相で怒り始めた。エディーは怒りの感情がセーブ出来ないと、右の眉毛が上がった。

「お前たちは侍スピリットを持っていると思っていたが、そんな程度だったとはな。自分たち

で勝手に物事を進めていいと思ってるのか。こんなことなら、私はもう辞めてやる。また、ビジョンも何もない弱い監督を呼んできて、それで負ければいい。それでハッピーだろう!」

廣瀬はミーティングの場で怒られ、試合前日の練習であるゲームリハーサルに向かうバスで怒られ、練習の前後にも激怒され、ホテルに戻ってからも散々怒られた。廣瀬の方も、あまりにエディーがしつこく怒るので、「もう知らん」と腹をくくり、部屋に戻った。キャプテンを降ろされるかもしれない。廣瀬は覚悟しなければいけないと思った。

ところが、その後にエディーは通訳の中澤ジュリアを通して謝罪してきた。

「申し訳ない。言い過ぎた」

なんだよ、自分で謝りにこないのかよ、まったく。廣瀬もまた、エディーという人間をじっくりと観察していた。

たしかにエディーはチームを強くはしてくれるが、対人関係では徹底的に追い込んでくるので、必ずしも付き合いやすい相手ではない。我慢出来るのは、チームを強くしたいという思いにおいては一緒だからだ。その前提がもし崩れてしまったら、とても耐えられない。

とにかく明晰な人だ。人間観察も鋭い。論理的に物事を捉えるのがうまく、話し合いの席では言葉遣いが巧みで、ぐうの音も出ないところまで追い込んでくる。しかも、逃げ道を絶対に与えてくれない。

エディーはリーダーシップ・グループを形成する選手たちには厳しい目を向けていた。自分だけではない。プロップの畠山健介も猛烈に怒られた。

ウェールズとの戦いを前に、ＦＷ陣は先立って行われたフィジー戦のレビューを行っていた。フィジー戦でのスクラムは安定せず、それが敗因のひとつになっていた。ミーティングの席上、ダルマゾはＦＷ全員を罵倒するような勢いだった。通訳はされているが、ダイレクトな物言いで、畠山は「そんな言い方をしなくたっていいじゃないか」と不満に思い、それが態度にも表れてしまった。この時期、畠山はまだダルマゾに対して信頼感を持っていなかったことも態度に影響した。

ミーティングが終わると、すぐにエディーから呼ばれた。ふたりはサントリーで旧知の間柄である。どんな人物なのか、お互い理解している。

「なんだあの態度は！　あんな態度を取るならば、もう帰ってもらう。明日、試合だがメンバーから外す。試合が終わったら、帰っていい。お前はもう必要ない」

エディーは本気で怒っていた。畠山としてもここまで言われたからには「自分はもう終わりだな」と思って諦めざるを得なかった。廣瀬と顔を合わせると、「僕はもう終わったみたいなので、試合が終わったら帰ります」と伝えた。

結局、畠山はプレーし、試合が終わってからエディーと再び向かい合った。

「ダルマゾのミーティングであのような態度を取るのは、二度と許すことは出来ない。考えてもみろ。40キャップを持っているようなベテランが、反抗的な態度を取ったら、どうなる？周りに悪い影響を与えるだけだ。若手へのそうした影響を考えたことはあるのか？」

そう言われてみて、たしかに納得できる部分はあった。サントリー時代からエディーのことは知っていたが、理不尽なことを言われたりしても、その裏には何か意図があるんだな——。だとしたら、畠山は追い込まれることがあっても、常にポジティブでいようと思った。そうでなければ、とても二〇一五年まで続けられない。

選手たちが精神面でエディーに対する準備が出来つつあるなか、肉体面でもハードなトレーニングについていけるだけの頑強さが備わりつつあった。トレーナーの井澤は、

「フィジカルについては、ストレングス&コンディショニングのＪＰ、ジョン・プライヤーが担当します。合宿に入ってからは、ものすごく厳しい練習をしますから、ぜひとも選手のコンディションを常に90パーセント以上に、毎日、全員がしっかりとした練習が出来るレベルまで回復させてください」

と当初からエディーに言われていた。この指揮官はスタッフの職掌をはっきりと規定する。だから責任が明確になるし、指示もスピーディーになった。

ワーカホリックなエディーの体調は必ずしも万全ではなかったが、決して井澤に治療を依頼

することはなかった。

「トレーナーは選手の治療に注力してください。それがあなたの仕事です」

ところが二〇一三年の夏、菅平での合宿のときに通訳の中澤を通してエディーが「ちょっと診てもらいたいんです」と治療を依頼してきた。「珍しいこともあるな」と井澤は思って治療してみると、首と肩に張りがあった。

エディーは典型的な「ショートスリーパー」だった。懸命に働き、食事を楽しみ、睡眠を犠牲にする。眠ることよりも、働くことを愛していた。が、エディーも五十三歳になり、それまでのようなワーカホリックぶりでは無理が利かなくなってきたのかもしれなかった。

エディーが倒れたのは、それから二カ月後のことだった。

一三年の秋、エディーと日本代表総務の大村武則は、二年後に控えるW杯に向けた強化合宿地の選定のため、全国各地を訪れていた。

「W杯に向けた最後の二年間は、ベストのトレーニング環境、合宿の環境を整えなければならない。そうしなければ絶対に勝てない」

エディーから厳命を受けた大村は予備調査を行い、北海道から岩手、愛媛、福岡、宮崎、鹿児島、沖縄といった場所を候補地として挙げた。トレーニング環境はもちろん、予算も考慮しなければならないが、最終的に場所を選定するのはエディーだから、ふたりですべての候補地

を回って決定することになった。

十月十五日、エディーと大村は鹿児島で下見を行った後、宮崎へと移動していた。鹿児島のホテルのスタッフの計らいで用意されたセダンの後部座席に、ふたりは座っていた。

ふだんからエディーは移動の車中や機内でも時間を無駄にしない。機内ではパソコンを開くか、本を読み、車であれば大村に対して矢継ぎ早に質問を浴びせる。

宿舎の選定に際しては、選手が部屋を出てエレベーターに乗り、プール、ジム、グラウンドへどのような経路を通って移動するかなどを押さえておくのは基本中の基本とされた。その他にも、

「ホテルの部屋の広さは何平米ある?」

「バスタブの向きはどちら向きなんだ?」

といった部屋の情報から始まり、コンセント、照明の位置、スーツケースを二人分広げるスペースはどこにあるのかという細かい部分まで把握していなければ、大村はエディーから雷を落とされた。

「その程度では、インターナショナル・レベルの仕事とは言えない」

ところが、この日に限っては鹿児島から宮崎に移動する車中でエディーは居眠りを始めた。

あれ? 何かおかしいな。体調が悪いのか——。

大村は嫌な予感がした。本来、その日は宮崎に泊まる予定だったのだが、折悪しく台風が接近しているという情報があったので、大村は「すぐに東京に連れて帰った方がいいかもしれない」と思い始めた。翌日、エディーには東京での仕事もあったので、全日空の空席情報を確認し、この日のうちに東京に戻ることを決めた。

宮崎に到着して関係者と話をしていても、エディーに生気がない。空港でトイレに行くと、しばらく戻ってこない。帰ってくると、顔が土気色になっていた。エディーは小声で言った。

「吐いた」

大村の悪い予感は、確信に変わりつつあった。脳血栓、脳梗塞といった単語が浮かんできた。見かねた大村は「病院に行きますか?」とエディーに言った。ところが、エディーは「お前に何が分かる?」といった顔で頑に拒否した。

「アー・ユー・ア・ドクター?」

一瞬、大村はむっとしたが、ここは我慢と気持ちを鎮めて、部屋を取って休んでもらった。

大村はエディーの様子を見て「これは病気だ。血管系だな」と推測していた。万が一のことに備えて、日本代表のチームドクターである順天堂大学の高澤祐治に連絡を取った。

「エディーの様子がおかしいんです。脳関係のドクターはいますかね?」

高澤は最初、悪い冗談かと思ったようだが、大村の話を聞いて東京で診察の準備を整えてく

れることになった。打てる手は打った。あとは何事もなければいいのだが——。

搭乗時間になった。宮崎から羽田までの一時間半ほど、大村はエディーの無事を祈るしかない。だが、全日空で前から三列目の通路側、「3H」に座っていたエディーの体調は、乗っている間にますます悪化していった。

羽田に到着したとき、エディーは自力では立てない状態になっていた。キャビン・アテンダントのアシストを借り、車椅子に乗るしか機外に出る方法はなかった。事態は黄信号から赤信号に変わった。

エディーを乗せた車は羽田から首都高を飛ばして、御茶の水にある順天堂大学病院に向かった。幸いだったのは、病院に脳外科のスペシャリストがいたことだ。診断はすぐについた。血管内に血栓が出来ていたのだ。すぐに血栓を溶かす薬を投与し、エディーは一命を取り留めた。

冷静に事態に対処しつつ、大村はその場で不謹慎なことを考えていた。

「エディーの替わりが務まるコーチは、いま世界に何人いるんだろうか？」

大村はすぐにその考えを振り払った。

エディーは大村の機転のおかげで生還した。十一月二日には秩父宮でオールブラックスとの

試合が予定され、その翌日からはW杯で対戦することになっているスコットランドを含むヨーロッパ遠征が予定されていたが、療養に専念することになった。

エディーは自分が死の淵に立ったことを悟った。人間、いつ死んでもおかしくないのだ。だったら、自分は何をすべきなのか。限られた時間で精いっぱい生きなければいけない。そのためには、優先順位をつけ効率的に物事を片付けていかなければいけない。起きてからベッドサイドのメモに書き記す習慣は、以前にも増して重要になった。

しかし健康に対する不安を払拭出来てはいなかった。また、同じような発作に襲われてしまったら、この仕事を続けられるだろうか。どうしたらいい？

そこでエディーは食生活の習慣を見直した。お酒も我慢する。飲んでも赤ワインを一杯だけだ。そして毎日のジムワークに加えて、週末には西麻布にある「リーボッククロスフィットハート&ビューティ」のクラスに通い始めた。ジムのスタッフに、

「W杯に向けて、自分の体をもう一度作り直したいんです」

と相談し、土曜、日曜の午前中に行われるクラスに通うようになった。

クロスフィットは高い強度で行われるフィットネス・プログラムで、オールブラックスの選手など世界のトップアスリートなども取り組んでいるハードなものだ。当初、エディーはかなり苦戦したものの、根気よく継続し、フィットネス、ストレングスのレベルが上がっていっ

た。ここでもハードワークの姿勢は変わることはなかった。特に乳酸系のブートキャンプ・プログラムを笑顔でこなすエディーのことを、日本代表のヘッドコーチだと気づく人はほとんどいなかった。

療養中、エディーには考える時間がたっぷりとあった。W杯まで二年を切り、これから必要なことは何か。エディーが決断したのは、主将の交代だった。エディーは廣瀬を呼んだ。そのときばかりは顔の表情が硬かった。

「申し訳ないのだが……リーチとキャプテンを交代してもらう」

寝耳に水の話で、廣瀬は面食らった。理由が聞きたかった。

「ウィングのポジション争いが激しくなってきている。正直に言おう。君が先発として出る可能性は低くなった。これからW杯に向けてキャプテンとして必要なのは、ピッチ上で、プレーで体を張ってキャプテンシーを示すことなんだ。スターターとしてプレーすることが少なくなる以上、キャプテンは任せることが出来ない」

廣瀬にとっては二重のショックだった。キャプテンを外されるだけでなく、先発としてプレーするチャンスもなくなってしまうのだ。追い討ちをかけるように、エディーからはポジションの変更を告げられた。

「次の合宿からは、スタンドオフをやってもらうことになる。その準備をして欲しい」

スタンドオフ？　東芝でさえここ三年ほどは10番でプレーしたことはなかった。正直、インターナショナルのレベルでスタンドオフが務まるとは思えないし、実績もない。そんなことが出来るのだろうか。これでは、ジャパンに残れるかどうかさえ怪しい。

どやされたこともあった。実際、精神的にきついこともあったが、ウェールズ戦の勝利は何ものにも代え難い喜びとやりがいを感じさせてくれた。なのに、キャプテンというポジションを奪われてしまった。

エディーが辛そうに話しているのも分かったが、自分にはショックという言葉しか浮かんでこなかった。

その日、廣瀬は立川理道と食事をする約束をしていた。待ち合わせ時間を決めた時点では、こんな展開になるとは予想しておらず、その場は重たい空気に包まれた。

「俺、キャプテン外されたよ。ポジションも変わる」

廣瀬の思いがけない言葉に、立川は呆然とした。

立川が感じていたのは、ジャパンは二〇一三年を境に大きく変わったということだった。廣瀬を中心として、日本のラグビーを変えるために、プレーヤーたちがこのチームを愛し、勝つ文化を作る。そしてウェールズに勝ったときから、選手たちの中にプライドが確実に根づき、

ラグビー界が変わり始めた実感があった。その功労者が廣瀬だった。

立川の目から見て、廣瀬は冷静なリーダーだった。自分から引っ張っていくというタイプではないが何か問題が起きたときには、物事の白黒をすぐに判断せず、その背景にある理由を探ろうとする。自分の価値観だけで判断するのではなく、必ず人から話を聞いたりして情報を集める。そして問題となる部分を突き止め、そこにチームとして成長できるヒントが隠されていると考えるリーダーだった。

しかも、どこかから借りてきた言葉ではなく、自分の言葉として消化しているのが立川は好きだった。

トシさんが、キャプテンから外される——。

そのニュースはメンバーの動揺を誘った。

別にトシさんのままで、問題ないじゃないか。

いま、このタイミングでリーチにする必要はないだろう。

二〇一四年の春。合宿が始まると、廣瀬の体が変調をきたした。鼻は蓄膿症に悩まされ、おまけに痔で苦しんだ。これまでそんな症状に襲われたことはなかったから、原因はストレス性のものだと思われた。エディーに呼ばれてから三回目の春。廣瀬の人生でも、もっとも厳しい季節になった。

エディーは廣瀬が苦しんでいるのを見ながら、こう念じていた。

ここで耐えてくれ。W杯では君がきっと、必要になるんだ――。

エディーは廣瀬がこのマインド・ゲームに屈しないことを祈った。

W杯を翌年に控え、六月にはイタリアを秩父宮に迎えて26対23で破って初勝利をあげた。しかしエディーは会見では、

「もっと簡単に勝てたはずです。プレーの精度をより高めなければならない」

とにこりともしなかった。しかし、試合が終わって分析を進めていくと、日本らしさも見えてきた。この試合、パスとキックの比率がおよそ「11対1」になっていた。日本にとってはアタックのリズムこそが生命線だ。エディーの分析では、この比率が日本の戦いの基本となるべきものであり、完成形がいよいよイメージ出来るようになってきた。

そして、W杯を戦えるメンバーも見えてきた。イタリア戦の先発は、フロントローから三上正貴、堀江翔太、畠山健介の三人。ロックは伊藤鐘史《しょうじ》とトンプソンルークが入り、バックローはジャスティン・アイブス、リーチマイケル、ホラニ龍コリニアシが高いレベルでのプレーを見せた。そして鍵を握るハーフ団は田中史朗《ふみあき》と立川理道《はるみち》のふたり。バックスはセンターが田村優とマレ・サウのコンビ、ウィングには福岡堅樹《けんき》と山田章仁が両翼を務め、五郎丸歩が不動のフルバックとなった。

廣瀬はリザーブに入っていた。廣瀬は試合に出られなくてもチームに対して献身的になれる選手だ。こうした選手が絶対に必要なのだ。

一方で、エディーが予想もしていなかったうれしい驚きがあった。ゲームの流れを変えられる「Xファクター」となり得る選手が登場したのだ。

アマナキ・レレイ・マフィ。花園大学からNTTコミュニケーションズでプレーし始めたばかりの選手だ。二〇一四年八月二十九日、トップリーグの東芝戦に出場したマフィは、キックオフからのボールキャリーで、「爆発的」としか表現出来ない突破力を見せた。

エディーはマフィに惚れ込んだ。

問題はマフィが出身国のトンガ代表になってしまうかもしれないことだった。「タイム・イズ・マネー」を金科玉条とするエディーは説得にかかった。マレ・サウ、松島幸太朗なども他国の代表になるチャンスがあったが、日本代表を選んで活躍の場が広がったことや、質の高いコーチングを受ければ、W杯で活躍できるチャンスがあり、君なら大きく成長できる、と話した。

マフィは桜のジャージを選び、二〇一四年のヨーロッパ遠征で初キャップを獲得した。

エディーは思った。W杯前年にXファクターが手に入るとは。幸運の女神は私に微笑んでいる、と。

第三章 Super Rugby

スーパーラグビー・クライシス

〝元〟キャプテン廣瀬俊朗とエディーに生まれた隙間風

二〇一五年一月一日。京都と大阪では雪が降った。いよいよW杯イヤーを迎えた。

エディーは休むことを知らなかった。トップリーグの開催期間中は各選手のプレーをチェックし、必要とあれば面談を行った。代表の選手が多く所属するパナソニックは群馬県太田市にグラウンドがあるが、東京で試合があって都内で宿泊する場合などは、パナソニックの許可をもらって選手たちと話をした。個人のスキルについてのアドバイスだったが、来る日本代表の合宿についてもあらかじめ話しておいた。

「六月の宮崎。この合宿はいままでで最も厳しい合宿になる。覚悟しておいて欲しい」

アジアラグビーチャンピオンシップでは韓国、香港相手に順当に勝ち、そしていよいよ六月の合宿に入った。初日は最高気温が二十七度まで上がり、夏のような陽気のなかで練習が始まった。

それは地獄の扉が開く合図だった。

リーチマイケルがスーパーラグビー参戦で不在の間、畠山健介がキャプテン代理を務めていたが、自分たちが日に日に摩耗していくのを実感していた。

畠山は合宿生活が五つの行動で成立していることに気づいた。ウェイトトレーニング。グラ

ウンドでの練習。飯を食う。リカバリーのために部屋で休む。そして、寝る。宿舎は高層のホテルで、基本的にエレベーターでの上下の動きしかなく、横への広がりがない。閉塞感。半日のオフがあれば、エディーは「リラックスする方法を何とか見つけてほしい」と言うものの、疲労困憊でアイデアが浮かばない。しかも六月の宮崎は梅雨前線の影響で二十二日間も雨が降った。みんな、殻に閉じこもるしかなかった。

ある日、マイケル・ブロードハーストは、練習が終わると同じ部屋の伊藤鐘史と「今日の練習が人生でいちばんキツい練習だったな」と話し合った。ところが、その会話が何日も繰り返される。いったいハードな練習がどこまでエスカレートしていくのか、想像もつかない。明日はオフだと知らされてビールを飲むと、当日になって「今日の午後は練習」といきなり予定が変更となり、面食らったこともあった。

「間違いない。人生で、これ以上つらい日々はない」

厳しい練習に耐えるには、回復を促すことが先決だ。食事、睡眠。保育園のように、昼寝の時間まで指定されていた。五郎丸歩は「昼寝の時間まで管理されるのか」と苦笑いした。

なおかつ、エディーは選手によっては激しくプレッシャーをかけた。田中史朗はエディーから「日本人観」を聞いたことがあった。

「選手によって違うが、日本人は求めれば求めるほど、厳しければ厳しいほど、その言葉に応

えるべく力を発揮する。パフォーマンスを自分から上げていく自主性や欲求は外国に比べて低いけれど、要求に対する仕事のレベルが高い」

エディーは選手たちを徹底的に追い込むことに決めていた。選手に人生最大の負荷をかける。経験上、とことん落とせば落とすほど、いざそのくびきを解き放った時に人間は信じられない力を発揮する。その振れ幅が想像を遥かに超えるエネルギーを生むのだ。

この宮崎で自分が与えるプレッシャーに耐えられるか否か、人物の器を見極める。そして九月のW杯本番に向けて、選手たちをストレスから解放していく——。

その日はラインアウトの練習が行われていた。このセットプレーこそ、日本代表のアタックの核となるものだ。エディーは選手たちに寸分の狂いもない精度を求めた。

練習では、フッカーの湯原祐希がボールスローワーを務めていた。レシーバーはトンプソンルーク。ルークが両手を伸ばしきったところに、ピンポイントでボールを投げ入れなければならない。湯原が、投げた。低い。湯原は咄嗟にミスだと感じたが、ボールはスピンをかけながら進んでいる。ルークは肘を少しだけ折り畳み、ボールをキャッチした。すると、間髪入れず罵声が聞こえてきた。

「ダメ、ダメ、ダメ！」

エディーだった。ヘッドコーチは癇癪を爆発させ、「このレベルでラインアウトの練習をやっても意味がない！　次の練習に移るぞ！」と号令を発した。選手たちは戸惑いながらも、ジョグでピッチを移動する。

湯原は、ひとり取り残された。エディーは普段から「ワンチャンスで勝負は決まる。チャンスは一回だけなんだ。一度のミスが負けにつながるんだ」と選手たちを諭していた。湯原のスローイングはエディーから見れば負けにつながるミスだった。

湯原にとって最悪の瞬間はその先に待っていた。翌日、早朝からのトレーニングであるヘッドスタートが終わって「ミーティングをやります」とエディーから連絡が来た。部屋に入ると、いきなり叱責が飛んでくる。

「なんだ、あのスローイングは！　トップリーグではあれで通用するかもしれないが、とてもインターナショナル・レベルとは言えない。あの程度のことしか出来ないのなら、もう帰ってください」

そして、次の言葉が湯原の胸をえぐった。

「その方が、ご家族もハッピーじゃないですか？」

湯原にはふたりの小さな子どもがいた。普段からフェイスタイムを使って会話をしているのだが、それでも合宿でひと月ほど家を空けてしまうと、一歳の息子は父親の顔を忘れてしま

う。妻に負担をかけているのは重々承知していた。でも、自分がここで帰ってしまったら、誰も喜ぶわけはないじゃないか。

エディーは追撃の手を緩めなかった。

「JR、チケット！」

エディは近くに控えていた大村に、いますぐ羽田までの航空券を用意せよ、というのだ。そこまで追い込むのか。エディーは書類をまとめて部屋を出て行ってしまった。

湯原は呆然としながら部屋を後にした。エレベーターの中で、三十一歳にもなって涙が出そうになることがあるんだな、と思った。自分の部屋に戻ると、ルームメイトの畠山が待っていた。湯原は声を絞り出した。

「ハタケ、終わったかもしれん」

畠山は咄嗟には湯原にかける言葉が見つからなかった。湯原とはU19代表時代からの盟友だ。湯原が酒も飲まない、ギャンブルもしない、家族を大切にする真人間であることを知っている。畠山も主将代行として精神的に追い詰められていた。もし気心の知れた湯原と一緒でなかったら続けられない。そう思っていた。

するとと、湯原の携帯が振動した。通訳の佐藤秀典からメールが届いた。

「続けるかどうか、今日の午後までに決めてくださいとのことです」

湯原はすぐさまエディーの部屋に向かった。

「続けます！」

エディーは、ちょっとだけ微笑みを浮かべた。

「その言葉を待っていました。次のゲームではリザーブに入ってもらいます。インターナショナルのプレーを期待しています」

湯原は全身に力がみなぎるのを感じ、絶対に下手なプレーは出来ないと思った。

部屋に戻ると、畠山が声をかけてきた。

「頑張りましょうよ」

湯原は、また涙が出そうになった。

しかし、選手たちを追い込んだのは練習ばかりではなかった。この時期、あるプロジェクトを巡って、エディーと選手との対立が避けられないものになりつつあった。

朝五時。一時間後には早朝練習、ヘッドスタートが始まる。廣瀬俊朗は、ベッドの中でまだ眠い目をこすりながらメールをチェックした。いくつか連絡が入っている。

差出人のひとりに、「Eddie Jones」の名前があった。エディーは日本人選手に対しては、ローマ字でメールを送ってくる。「あなた」であれば、〝Anata〟と書く。メールは午前四時に

送信されていた。液晶画面にローマ字が浮かび上がる。

「Anata no okagede team ha mechamecha desu.」

あなたのおかげで、チームはめちゃめちゃです。

廣瀬は凍りついた。

スーパーラグビー参戦を巡って、エディーと選手たちに軋轢が起きていたのだ。

スーパーラグビー。一九九六年にスタートしたこのリーグは、ニュージーランド、オーストラリア、南アフリカの三カ国のプロチームによって覇権が争われてきた。エディーは、二〇〇一年にオーストラリアのブランビーズを率いて優勝。それがワラビーズのヘッドコーチへのパスポートとなった。

近年、日本からはリーチマイケルがチーフス、田中史朗がハイランダーズ（いずれもニュージーランド）、堀江翔太がレベルズ（オーストラリア）でプレーして、その経験を日本に持ち帰っていた。

エディーは以前から一九年のW杯日本大会開催に向け、新たなプランを練っていた。「世界のラグビー界で日本は〝ジョーク〟だと思われている」ことにエディーは我慢がならなかった。テストマッチを組もうにも、強豪国から相手にされない。

「クオリティが必要なんだ。強い相手と対戦しなければ、選手の経験値は上がらない」

そこでアイデアとして浮かんだのが、スーパーラグビー参戦である。世界最高峰のリーグに日本代表選手を揃えたチームがフルで参戦、加えて世界のトッププレーヤーも数名獲得し、競争力のあるチームを作る。一九年までに年間二十試合ほどの〝クオリティゲーム〟を経験すれば、地元開催でのW杯でベスト8進出は現実的になる。いや、ベスト4さえ狙える――。

「ジャパンエスアール」という一般社団法人が協会とは別に立ち上がり、流通経済大を強豪校へと育て上げた上野裕一が、組織構築とチーム編成を行うことになった。上野は九〇年代からエディーと親交があり、ラグビーについて夢を語り合った仲だ。

日本のプロチームが海外のリーグに打って出る。野球だって、サッカーだってそんな計画はなかった。このプロジェクトが成功すれば、日本の次世代に大きな可能性を広げることになると上野はイメージしていた。

しかし、実際に上野が南半球三カ国と交渉する段になって分かったのは、「これは、ラグビー界にとってのTPP交渉だ」ということである。国益と国益がぶつかり合う中で、時には理不尽に〝強国〟の論理を一方的に押し付けられそうになりながら、上野は参戦に向けての下交渉を進めた。

一方、エディーは選手たちに、意気揚々とスーパーラグビー参戦と自身のディレクター就任

を宣言した。

「W杯で歴史を変える。そして、来年はスーパーラグビーで戦い、本当に強いジャパンを作るんだ」

沈黙が部屋を支配した。

無言は様々な意味を持つ。ある選手は世界への道が開けると思った。しかしある者は、その言葉をまるで歓迎する気になれなかった。

少年期をニュージーランドで過ごし、エディーとは英語で会話する小野晃征は、ピッチ内外で信頼の厚い選手だ。その小野が真っ先に思い浮かべたのは、妻の顔だった。

小野の妻はニュージーランド人である。一五年は十月までの間に夫が百六十日間も代表に拘束され、家を空ける。小野は数日間の休みで東京に戻った時、異国の地で過ごす妻の孤独を痛感せざるを得なかった。もしスーパーラグビーに参加するとしたら、一六年二月から七月まで、今年と同じように拘束される。これ以上、妻に負担をかけたくない。これが本音だった。

同様の思いを抱いたのは、日本人選手だけではなかった。ブロードハーストは一五年十二月に第三子が生まれる予定だった。身重でありながら育児に励む妻を家に残している。来年は家族と過ごしたい。

前主将の廣瀬の思いは、また別のところにあった。延々と続く合宿で、選手たちは心身とも

に苦難のピークを迎えている。自分だってそうだ。せめて今だけは、W杯に集中したい。

それに加え、六月になってもまだ今年の代表活動に関しての細かな契約は結ばれていなかった。スーパーラグビーに参戦する前に、もっと選手の待遇について改善すべきことがあるんじゃないか。スーパーラグビー界はこれまでボランティアで運営されてきたから、お金にこだわらないことが美徳とされてきた。しかし、スーパーラグビーで選手生命を棒に振るようなケガをした場合、補償されるのか。どのような条件で参加するのか交渉しなければ、選手の待遇は改善されないままで終わってしまう。

廣瀬は選手不在のまま状況が推移していくことに危機感を覚えたが、三十人以上の選手がバラバラに話をしても仕方がない。スーパーラグビー参戦については選手の中の代表者が話し合い、方向性を決めていくことになった。必然的に、経験豊かで発言権のある人物が顔を揃えた。

廣瀬、堀江、そして小野。廣瀬は東芝の社員であり、堀江はプロ。そして海外の状況を知るために、英語が堪能な小野の三人が頭を突き合わせることになった。

廣瀬と同部屋だったFW第三列の村田毅は、慶大ＯＢである廣瀬の後輩で、村田にとって廣瀬はよき相談相手でもある。夜、練習が終わってくたくたになってベッドに横たわっていると、三人が集まって話をしていた。内容から選手の待遇改善や、スーパーラグビーのことだと

は想像がついたが、小野がパソコンを通じて外国人と話をしているのが耳に入ってきた。村田は「毎日練習でさんざん絞られているのに、こんなことまでやっている。この人たちは〝超人〟か？」と驚くほかなかった。

三人は協会やジャパンエスアールと交渉するにもベースとすべき条件が分からず、そこで、ＩＲＰＡ（国際ラグビー選手会）に助けを求めた。他国のプロ選手たちの待遇はどうなっているのか？　補償や年金は？

ところが、こうした廣瀬たちの動きがエディーの耳に入った。エディーは激怒した。

「俺に隠れて、こそこそ何やってるんだ！」

エディーから反乱分子と見なされることは、自分がＷ杯に出られなくなるかもしれないというリスクと背中合わせだった。廣瀬は、エディーから、

「君には残って欲しいと思っている。チームに対する貢献が大きいからだ。しかし、プレーヤーとして残ってくれなければ、選ぶことは出来ない。レベルをアップさせて欲しい」

と言われていた。

しかし、余計な煽動首謀者となれば、エディーは容赦なく自分を切るだろう。廣瀬は感情の板挟みになりながらも、それでも「正しいと信じること」をするしかないと腹をくくった。選手側からすれば、ディレクターを務めるといってもエディーと契約を結ぶわけではないからだ。

しかし、スーパーラグビー参戦は二〇一九年日本大会に向けてのマスタープランの一部だと認識するエディーは、「裏切られた」と感じた。

「スーパーラグビーでプレー出来るのに、どうしてお金のことなんか気にしてるんだ。プロのラグビー選手として、こんな名誉なことはないのに、条件だ何だと四の五の言うなんて信じられない。しかも俺に黙って海外と交渉するとは。断じて許せない」

その激烈な感情は練習の場でも表れてしまった。荒木香織には、エディーがイライラして選手たちに怒鳴り散らしているように見えた。しかもその感情を封印するかのように、エディーはさらに激しく仕事をした。バランスが崩れていた。荒木は言った。

「あかんで、エディーさん。頑張りすぎやし、このままやったらまた倒れんで」

エディーは答えなかった。

「選手に怒鳴り散らしてるやんか。あんなんしても強くならへんで。選手に当たってもしゃあないんちゃうん？　そんなに頑張らんと、何がベストなのか考えた方がいいよ」

荒木は心配で仕方がなかった。

「すごいストレスがかかってる。気ぃつけんと、また『頭』切れんで」

脳梗塞の再発を懸念していたのだった。すると、エディーはボソッと答えた。

「分かった」

荒木は少しホッとしながら、

「これは別にメンタルのコンサルタントとか、そんな立場からの話とはちゃうで。もうラグビーとかそんなん関係なくて、若い嫁か、年が行った娘か分からんけど、人生で出会ったひとりの人間として言わせてもらいます」

するとエディーはにこりともせず、答えた。

「若い嫁から聞いたことにしておきます」

選手の間に独立、自主性の機運が高まっていることを荒木はエディーに前向きに捉えて欲しかった。

エディーは過去、自身が関わったW杯でたった一度しか負けていない指揮官だった。二〇〇三年のオーストラリア大会でワラビーズを準優勝に導き、〇七年には南アフリカの軍師役として優勝している。しかし、たった一度の敗戦がスポーツ心理学のテキストに取り上げられていることを荒木は発見した。

〇三年の大会で、オーストラリアとイングランドが同点で延長戦に入ることが決まったとき、オーストラリアの円陣にはヘッドコーチのエディーの姿があった。しかし、イングランドの選手たちは指揮官のクライブ・ウッドワードが話をすることを拒否した。任せてくれ、という選手からの意志表示だった。ウッドワードはそれを受け容れた。イングランドの面々は、選

手同士でコミュニケーションを取り、それが勝利に結びついたというのがその研究の要旨だった。

「エディー・ジョーンズはハドルの中で選手たちに話していた」というフレーズを見つけたときに、荒木は「これや」と思った。そしてその文章をエディーに直接手渡そうとした。

「エディーさんの名前が論文に出てるけど、これ読む？」

と当の本人に聞くと、いたく興味を示した。「読みますよ」。

荒木はエディーがたいへんな勉強家であることを知っていた。科学的な根拠に基づいていれば、自分が勧めた文献を積極的に読んでくれる。それだけでなく、記者会見やインタビューで読んだ文章のフレーズを自分なりに咀嚼して使っていることも多々あった。決して現状の自分に満足することなく、常に新しい情報を欲しがった。

荒木のように自分のことを心配してくれるスタッフがいることは、エディーの心の慰めにはなった。しかし、少し時間が経てば、また選手たちへの怒りがふつふつと湧いてくる。

そもそも、ラグビーとは結果がすべてではないのか？〝二等国〟のジャパンが、一三年にはウェールズに勝ち、一四年にはイタリアに勝ち、秋にはマオリ・オールブラックスとも接戦を演じた。このままマスタープランに沿って強化を進めていけば、一九年には想像もつかないことが起きるというのに！

怒りが津波のように襲ってきてから、急に孤独が押し寄せる。それが繰り返された。廣瀬には怒りのメールを打った。少しすると、厳しい文面にやや後悔を感じるが、再び怒りがたぎってくる。エディーは携帯を握り、コールした。

ニュージーランドの北島に本拠を置くチーフスでレギュラーを勝ち取ったリーチマイケルは、六月二十日に行われるハイランダーズとのプレーオフを控えていた。携帯が鳴ったので確認すると、エディーからである。電話に出ると、怒りに震えた声が聞こえてきた。

「来年のスーパーラグビーだが……廣瀬が先頭に立って反乱を起こしている。金のことばかり気にして、スーパーラグビーの価値を理解していない。もういい加減、嫌になったからジャパンのヘッドコーチもやめる。終わりだ！　終わり！」

リーチは週末の試合から、一瞬にして日本のことに頭を切り替えなければならなかった。

「いったい、どうしたんですか？」と聞いても、一向にエディーの怒りは収まらない。ひと通りエディーの話が終わると、リーチは言った。

「とにかく、スーパーラグビーが終わってから、僕が帰るまでは待っていてください。いい解決方法を探りましょう」

チーフスはハイランダーズに敗れた。早い帰国はリーチの本望ではなかった。しかし、日本

代表にとってはそれが幸いした。

リーチは帰国すると、まずはエディーと会った。新宿駅西口のスターバックスで待ち合わせし、事情を聴いた。エディーは苦虫を噛み潰した顔をしていた。

「条件闘争を仕掛けられている。私としてはすぐに決着をつけてW杯の準備に入りたいのだが、そうもいかなくなっている。こんなことではW杯も危うくなる」

続いてリーチは、選手たちに話を聞いた。東芝では「トシさん」と呼んで慕っている廣瀬。堀江、そして小野。様々な情報が入り組んでいたが、即座にリーチは問題点の在処を発見する。

コミュニケーションのミスだった。

リーチはエディーに話した。

「日本の選手の待遇、環境を改善したいというトシさんが目指していることは正しいことだと思う。ジャパンを壊そうともしていない。トシさんがジャパンを愛していることは、コーチだって知っているでしょう？　それでも、コーチが思っていることが十分に伝わっていない部分もあって、それが誤解を生んでいる。トシさんたちもＩＲＰＡに相談するとか、コーチに先に話を通しておけば問題は起きなかったのに、先走ってしまった面もあるんです」

チームディレクターの稲垣純一は、選手の待遇改善、スーパーラグビー参戦について選手た

ちと話し合いを持ち、廣瀬からこんな言葉を聞いていた。

「問題があるのは分かってます。でも、絶対に僕たちはこのチームから逃げません。W杯で勝ちたいんです。そのために練習はとことんやります。だから、協会やスーパーラグビーの関係者、そしてエディーには、本当にしんどい状況の中で活動しているということを理解して欲しいんです」

稲垣は慶応の後輩の言葉を聞き、胸が熱くなり、そしてまた、尊敬もした。

リーチが間に入ったことで、お互いが冷静になった。エディーも選手たちの行動に納得はしなかったものの、一定の理解を示した。決定的な断層は生まれることなく、チームは元の軌道に戻った。

しかし、もう元に戻せないこともあった。

エディーはこのまま自分がスーパーラグビーに関わっていても物事は前に進まないと判断し、スーパーラグビーのディレクターを退くことを決断していたのだった。そしてまた、W杯後に日本代表ヘッドコーチの任を退くことも決めた。

七月に入ってすぐ、エディーはかつて自分をサントリーに招聘した稲垣に、自分の思いを吐露した。

「W杯を終えたら、日本を離れようと思います」

稲垣はさほど驚かなかった。選手も消耗していたが、六月の地獄の合宿でエディーもまた、消耗していたのである。

エディーの体調はすぐれなかった。長いこと、アキレス腱炎を患っていて、この合宿中には患部が大きく腫れ上がって満足に歩けない状態になっていた。かなりの痛みがあったに違いなく、トレーナーの井澤は一日三回、エディーの足首にアイシングを施していた。井澤は、

「エディーさん、これは一度診察してもらった方がいいですよ」

と勧めたのだが、エディーは微笑を浮かべながら、

「私が心配をかけるようではいけません」

と断固として治療を受けようとはしなかった。

エディーは稲垣に言った。

「W杯が最後の戦いです。私の人生をかけて戦います」

稲垣もエディーに告白した。

「エディーさん、実は私も協会を離れようと思っているんだ」

強化現場と協会の板挟みに合い、稲垣も疲弊していた。

稲垣は六月下旬に東京に戻ると、サントリーの面々から還暦のお祝いに赤いパンツをプレゼントされた。稲垣は感激のあまり、涙をこらえきれなかった。驚いたのはサントリーの関係者

だった。稲垣さん、ジャパンで何かつらいことでもあるのだろうか。

稲垣は、帰る場所があるのがうれしかったのだ。


W杯まであと二カ月。エディーは覚悟を決めた。

七月にはスーパーラグビーでプレーしていたリーチマイケル、田中史朗、稲垣啓太、松島幸太朗らが合流したが、エディーにとっては誰を三十一人の最終メンバーに残すかという課題と、スーパーラグビー組をいかに融合させるかがポイントとなっていた。スーパーラグビーでプレー時間が与えられていないと、合宿に合流したときに練習メニューについていくことが出来ない。フィットネス・レベルが水準に達していない選手は、別メニューを用意する必要があった。

スーパーラグビーのハイランダーズでプレーし、優勝して合流した田中は、パシフィック・ネーションズカップからチームに参加すると、ジャパンの中に弛緩した空気を感じた。七月二十九日に行われたフィジー戦では22対27で試合終盤を迎えたが、攻めきれずに敗れた。エディーのコメントは辛辣だった。

「ここ最近では最もひどい試合だった。まずは、9対0とリードして楽に勝てたはずなのに、自分たちでそのチャンスを潰してしまった。ミスからトライを許し、負けてしまった。こうい

うところを改めないと、W杯では勝てない。FWは全体的に良かったと思うが、BKは田中をのぞいてハンドリング、ランニングライン、判断とすべてが悪かった」

チーム作りがうまく進まず、エディーは怒りの渦の中にいた。

そして次の三位決定戦のトンガ戦に向けての練習で、タックルバッグを持っている田中に本気で当たってこない選手がいたことに我慢がならなかった。報道陣がそばにいるインゴール付近で、田中はメンバーに対して思うところを話した。

「普通のことが出来ていないよ。負けているのに、そういう練習でジャパンと言えるのか！」

田中はニュージーランドでプレーして、彼らのオールブラックスへの憧れがいかに強いか、その目で見ていた。

二〇一一年からハイランダーズでプレーするリマ・ソポアガは、かつて日本のチームと契約する寸前まで交渉が進んだことがあった。ニュージーランドの規定では国外でプレーすると、オールブラックスに選ばれる権利を失ってしまう。一方、日本のトップリーグでプレーすれば、倍近いサラリーをもらうことになる。経済的には大きなチャンスだ。

しかし最後の最後、ソポアガはオールブラックスのジャージを諦めきれず、ニュージーランドに残ることになった。

「小さいころからの憧れなんだ。キャップを取りたいからチャレンジするよ」

と田中に話していた。そして一五年、彼は二十四歳にしてオールブラックスのメンバーとしてピッチの上に立った。田中は心の底から彼を祝福した。

翻って、ジャパンはどうだろう。パナソニックからジャパンに選ばれたとしても、「あ、おめでとう。頑張りや」くらいで終わってしまっていたものが、エディーがヘッドコーチになってから、なんとか勝つ文化を培い、プライドを持とうと頑張ってきたのではないか。それなのに、W杯を翌月に控えているいま、この情けない練習はなんなんだ。

「向上心もなく、ただ練習をやらされて中途半端な気持ちで代表に入ってるんだったら、若手でやりたい人がいっぱいいるし、替わって欲しい。やっぱり、ひとりひとりが日本代表に誇りを持って、そういうチームにしなきゃ、日本としてもレベルが上がらない」

エディーはこのトラブルを半ば歓迎し、半ば問題として捉えた。選手たちの間に軋轢が起きれば、自分たちで解決しようとする能力が高まる。それはこのチームにとっては大きなプラスだろう。しかし、これがメディアに漏れるとなれば話は別だ。塹壕の中の話を聞かせる必要はない。

また、自分が三十一人のメンバーに残れるかどうか、ストレスに晒される選手も見受けられるようになった。ボーダーライン上にいると自覚している選手もいるだろう。きっと、廣瀬もそうだ。

しかし、エディーは絶対に廣瀬をメンバーに残すつもりでいた。

エディーはワールド・ベースボール・クラシックの優勝監督になった原辰徳に、チーム作りで気にかけたことを訊ねたことがあった。原は答えた。

「最初に、川崎宗則を選びました。彼は、プレーしていようとなかろうと、チームのために全力を尽くす選手だからです。日本には、そういう存在の選手が必要なんです」

また、二〇一〇年のサッカーW杯で日本代表をベスト16に導いた岡田武史と会ったときには、ゴールキーパーの川口能活を最初に選んだという話を聞いていた。

「ジュビロ磐田に行ったとき、川口はいちばん最初に練習に出てきて、最後まで練習していました。その姿を見て、絶対に川口が必要だと思ったんです」

プレー時間の少ない選手を真っ先に選ぶというのは、偶然だろうか。いや、ここに成功のヒントが隠されているとエディーは思った。チームのまとまりを重視したとき、プレー以外でも最大限に貢献できる選手を連れて行った方がうまくいく。

絶対に廣瀬は外せない。

しかし、エディーは最後の最後まで、そのことを廣瀬本人には黙っていた。

第四章 ボーダーライン Boder Line

8月下旬、最終選考を前に村田毅はエディーに呼ばれた

Shigeki Yamamoto

「なんだよ、このメール」

二〇一四年十二月十五日。NECでプレーする村田毅は二十六回目の誕生日を迎えていた。その日、知らないアドレスからメールが届いていた。差出人はEddie Jonesになっている。「怪しいな」と思って開封してみると、ローマ字で次のような文章が書かれていた。

「日本代表になるチャンスがあります。プレーを見ていますから、頑張ってください」

誰だよ、こんな悪戯するの。

村田はそう思った。誕生日にこんなうまい話が転がり込んでくるはずがない。ずいぶん手の込んだことをするヤツがいると思ったが、心当たりはない。「domo」とか、「chansu ga arimasu」とたどたどしいローマ字で書いてくるところがうさん臭い。

でも、二日前に相模原で行われたコカ・コーラとの試合ではいいパフォーマンスが発揮出来たので、自分なりに手応えをつかんでいた。もしかしたら、本物のエディーさんか？　ただし、二年前に初めて招集されたものの、それからすっかり音沙汰はなく、代表合宿には呼ばれていない。たしかめたくなって、慶応大ラグビー部時代の監督で、エディーとも親交の深い林雅人に連絡を取った。

「このメールアドレスで、エディー・ジョーンズを名乗るヤツが出てきたんですけど、本物かどうか、調べてもらえませんか」

林は「僕が知っているアドレスじゃないけど、すぐに調べるよ」と請け合ってくれた。するとすぐに、林から連絡が入った。

「ツヨシ、これエディーさんのアドレスだよ！　スゴいな！」

メールは悪戯ではなかった。また、代表に呼ばれるかもしれない。しかも、W杯前に！

さらにエディーから外苑前のオフィスでミーティングがしたいと連絡が入った。村田は胸を躍らせながら指定された場所に向かった。

部屋に入ると、エディーの他には誰もいなかった。正真正銘のワン・オン・ワンのミーティングだ。「どうぞ、そこに座ってください」。言葉づかいは丁寧だが、自分を歓迎しているムードはない。何か、重大なことが起きることを察して、村田はさっと緊張した。

話し合いが始まると、エディーはパソコンでトップリーグでの村田のプレー集を流し始めた。ブレイクダウンでの動き。そして、ボールが大きく動いている局面で自分がどのコースを通ってアタックに、ディフェンスに向かっているか、ポイントとなる場面が集められていた。

エディーはプレーを見ながら、どんどん村田に質問を浴びせてくる。

「ここ、このプレー。どうしてここハードに行かないの？　ここ、ハードに行かないと」

「どうしてこの場面、NECはピンチなのにダッシュしてない？」

村田の弱点が凝縮されている映像だった。返す言葉がない。ただ、不思議と負の感情は湧い

てこなかった。ＮＥＣでは先発に名を連ね、周りからの評価も上々だった。自分の手応えと、首脳陣の評価も一致していたのだ。しかし、エディーは違った。話し方、言葉の選び方は容赦なく、ハードだった。何も言い返せない。

映像から離れると、エディーは自分の顔をまっすぐに見つめながら話してくる。怖い。でも、なぜ怖いんだ？

じっとエディーの目を見ていると、不思議な感覚に囚われた。エディーは自分を見ているのだが、その目は自分を見ているわけではないような気がする。どこか目の奥、自分の内面を貫くような視線を向けてくる。目を外したら負けだ、と村田は思って睨み返すのだが、エディーにはヒットしていないのが分かる。

俺はまさに、蛇に睨まれた蛙だな。

でも、怖いばかりではなかった。的確に自分の弱点を指摘してくれているのが分かったからだ。これが、自分の伸びしろなんだ。村田はそう感じることが出来た。

「エディーさんの言う通りのプレーが出来れば、インターナショナル・レベルの選手になれるってことだ。間違いない」

エディーが指摘したプレーは、突き詰めていくと基本のプレーばかりだった。エディフェンスではタックルと、ブレイクダウンの仕事。アタックではボールキャリー。エ

ディーは村田の弱点を言い当てる。

「優しい。優しすぎるんです。こうした局面のコンタクトでは、もっと激しく、相手にダメージを与えるつもりで入らなければいけない。もっと、フィジカルを意識して」

そしてエディーは付け加えた。

「この課題を克服すれば、あなたにもW杯でプレーするチャンスがあります。もし、その気があるのなら、トップリーグでのプレーに期待しています。私は、見ていますよ」

村田はエディーに言われたことをすべてクリアした自分をイメージしていた。想像力を働かせ、成長している自分を思い描いた。

勝てる。自分なら、やれる。そのイメージに近づこう。とことんやってやる——。

ほどなく、合宿に向けてジャパンのスコッドが発表された。FWの第三列では、日本で生まれたプレーヤーは村田ひとりだけだった。

うれしい反面、身が引き締まる思いがした。自分は、見られているのだ。

二〇一五年、四月十八日に行われた韓国戦で途中出場した村田は、念願の初キャップを獲得した。格下の相手ではあるがひとつひとつのプレーを観察されているという緊張感があった。

五月に入ってからも香港戦、韓国戦でキャップを獲得する。リーチマイケルやツイヘンドリッ

クら、スーパーラグビー組が不在の間に、村田としては存在感を高めておきたかった。

六月の宮崎は、雨ばかりが降っていた。

合宿に入ってから初めての紅白戦。そこで、村田は吐いた。最後に練習で吐いた日なんて、いつのことか思い出せない。

その日の練習内容は、紅白戦の前に「ユーロフィット」と呼ばれるインターバル・トレーニングが行われ、それから前後半20分、ハーフタイムが5分の45分の紅白戦プログラムが組まれていた。しかしそれは、普通のラグビーの試合とは違った。十二人制でひとりの選手がカバーするエリアが広いのと、たとえトライしたとしても、すぐに「10メートルのスクラム!」「ラインアウト」といったプレーが命じられ、キックの間に休むことが許されない。

通常の試合であれば、トライが認められた後、キッカーがコンバージョンを狙う間に休むことが出来る。しかし、その日に行われたのは、止まらないラグビーだった。

エディーは村田の体作りには一定の評価を与えていた。初招集のときの体重は97キロだったが、102キロまで増えていた。これならば、バックローとして国際レベルに達している。

残るは世界級のフィットネスとスキルを急成長させることだった。そのため、あらゆる形で村田を追い込んだ。腹筋のトレーニングのときには、村田の姿勢が他のメンバーに比べて低いことがエディーの目に止まり、「ツヨシ、低い! 君だけ腹筋を使ってない! もっとリフト

して！　持ち上げるんだ！」と限界を広げるように言ってきた。うまく応えられずにいると、エディーはそれから一週間、話しかけてこなかった。

スキルの面ではエディーからの指摘は的を射ていた。ブレイクダウンでのクリーンアウトや、ボールに絡むとき「ハード！　ハードに！」と口を酸っぱくして言われるのだ。ボールに絡んでいる相手がいれば、それこそ首根っこをひっつかんでもめくり上げる。「ルールの範囲内で、相手を痛めつけることを考えなくてはダメだ。それが仲間を、そしてボールを守ることにもつながるんだ」とエディーは再三再四言ってきた。

自分が気を抜いているという意識はなかった。しかしエディーには物足りなく見える。

「どうして、いつもいつもソフトなプレーばかりなんだ。ハードにやれ、と言っているのにやらないってことは、私の言うことを聞かないということですよね？　そんな選手は要らない。必要ないんです」

そして、最後にとどめのひと言があった。

「ＪＲ、チケット！」

もう帰ってください、と言われたのは一度や二度ではなかった。エディーに指摘されれば、「行きます！　ハードに行きますから！」と闘志を見せた。しかし、エディーは容赦しない。「やってない、足りない！」と追い込んでくる。「次はないんだ！　ひとつのプレーが勝負を決

めるんだ！」

そしてエディーに指摘された通りにプレーすると、「グッド、グッド！」と声がかかる。実は、エディーは褒めるときはしっかりと褒めてくれるのだ。しかし、その後に必ず小言を聞かされる。

「私が言ったら頑張りますよね。でも、どうして言われないとやらないんですか？」

百パーセントは絶対に肯定してくれない。絶対に、選手をハッピーにはさせない。

エディーは村田から「何か」を引き出そうとしていた。外国出身の第三列の選手と比べると、どうしてもブレイクダウンなどのスキルで見劣りする。そこで一段階ステップアップすれば、試合でも十分に活躍できる。その気持ちを言葉に表すときに、ついつい、感情の抑制が利かずに言い過ぎてしまうのだった。

一度、間に入って通訳していた佐藤秀典がエディーの言い方が行き過ぎたと感じたのか、村田にひどく同情した。

「ひどいですよ、あの言い方は！　言い返した方がいいですよ、絶対」

「えっ、でもそんなことしたら、エディーさんかえって怒るんじゃないですか」

「いや、言い返した方がファイティング・スピリットを見せることになるんじゃないですかね」

佐藤はデスメタル・バンドのボーカルでもある。たぶん、反体制の血が騒いだのだ。

「秀さん、でもエディーさんになんて言うんですか？」

「ぶっ殺す……」

「えっ！」

「それくらい言った方がいいですよ」

「大丈夫ですかね……心配ですけど」

佐藤は最上級の怒りをそのままエディーにぶつけた。ところが、かえって火に油を注ぐ形になってしまった。エディーは激怒した。

「お前らは、いったい何を言ってるんだ！」

後になって、佐藤は村田に「ごめん……。逆効果だったね」と意気消沈しながら謝ってきた。「全然いいっすよ」と村田は笑顔で応じてから、本当にこの合宿では何が起きてもおかしくないな、と感じていた。

村田自身、ストレスへの耐性は強い方だと思っていたが、さすがにエディーに「帰ってください」と何度か言われ、精神的に追い込まれていくとめげそうになった。そんなときは佐藤や、メンタルコーチの荒木に相談に乗ってもらった。エディーへの「傾向と対策」である。佐藤はほとんど、起きている間はエディーの側近と言っていい状態だったから、言動のパターン

が見える。村田に対して、このパターンだと何を言い返してもダメ、逆に素直に話した方がいい場合もあるよとアドバイスをくれた。

荒木はマインドセットの面で、村田をヘルプした。

「エディーさんのために頑張ってるわけじゃないよね？　エディーさんが見てるからこういうプレーをしなきゃとか、怒られないようにするためにはどうしたらいいかと考え出したら、結局、自分がどうなりたいか、分からんようになるよね」

最終的には自分の内面がすべてだと、荒木は話した。

「自分がどうなりたいか、それだけはぶれずにいよう。ぶれない目的があれば、結果がどうなろうと受け入れられるはずだから」

この時期、荒木が心を砕いていたのは、七月にスーパーラグビーで戦っていた選手たちが帰ってきて、三十一人に絞られるまでの過程を、いかに充実したものにするか、ということだった。散々絞られた挙句、「これだけやってきたのに落とされるのか」と気持ちが腐ってしまったら、その選手のキャリアが負の方向に向いてしまう。それだけではなく、チーム全体に悪影響を及ぼしかねなかった。どんなに苦しくても、「自分が誇りを持って、代表に貢献しているんだ」という気持ちをボーダーラインの選手たちにこそ、持って欲しかった。

村田は佐藤や荒木と話をすることで、どんなに怒られようとも、「自分を、自分の理想に近

づけよう」と決めた。エディーとの時間を過ごすにつれ、村田は自分のメンタリティがちょっとやそっとのことではへこたれなくなっているのに気づいた。どんなパターンで怒られても、どんなに怒られても、自分のなかで解消出来るようになっていたのだ。それも、佐藤や荒木のおかげだった。

七月のパシフィック・ネーションズカップは、選手選考の最終ステージだった。村田が自分の立場が危ういと感じざるをえなかったのは、七月十八日に行われたカナダ戦である。

この試合は日本が有利に試合を運び、20対6でカナダにトライを与えずに勝った。しかし、村田には最後の最後まで出番がなかった。リザーブの心境というものは複雑なもので、勝つにせよ、負けるにせよ、一方的な展開になったときには試合に出る確率は高まる。勝敗が動かないのであれば、主力を交代させてケガのリスクを減らすからだ。しかし、残り時間が少なくなっていくのに、村田には声がかからなかった。

試合が終わってから、相手や味方の選手たちと握手を交わしたが、素直には喜べなかった。するど、翌朝になってエディーから呼び出しがあった。

「君は昨日、試合に勝ったのに残念な表情を浮かべていたな」

村田は当たっている部分もあるな、と思った。プレーしたかったからだ。

エディーは追い討ちをかけてきた。

「信じられない。どうしてチームが勝っているのに、残念がるんだ」

村田は反駁した。

「出られなくて、悔しいからですよ」

「そんなヤツは要らない。きちんとチームメイトを祝福したのか？」

「握手もしましたし、おつかれさまという気持ちでした」

「いや、心がこもってなかった」

そんなことが分かるのかと思いつつも、反論しても仕方がなかった。ここは、とにかく耐えるしかない。

同じように残念がっていても、若い選手だったとしたら、エディーは対応を変えるという話も聞いていた。「その悔しさをバネにするんだ」と言うこともあれば、しっかりと祝福していると、「出られないのに、どうして喜んでいるんだ?」と追い込んでくるパターンもあった。

自分の場合は、とことん追いつめて力を引き出そうとしているのは分かっていた。もっと、もっと上手くなりたい。このままではメンバーに残れない。

七月二十四日には、アメリカとの試合があった。W杯のプール最終戦で戦う相手であり、お互い手の内を隠したままでの試合となった。後半19分に村田は途中出場したが、カナダ戦に出

られず、アメリカ戦でプレーするというのは、不吉な前兆だった。W杯本番で使うつもりがないから、俺が出たんじゃないのか――。

こんなことを考えていては、ダメだ。後ろ向きになるばかりだ。切り替えなきゃ、と村田は自分に言い聞かせていた。

ただし、他のメンバーからは、エディーが村田を落とすためにプレッシャーをかけているように見えて仕方なかった。「毅は、被害者だ」という会話もあったほどだ。

当落線上にいたからだろうか、先輩たちもずいぶんと助けてくれた。六月の苦しい時期は廣瀬と同室だった。チーム内には、「部屋割りもエディーが考えているんじゃないか」という噂があり、村田がつらい時期に、大学の先輩である廣瀬が一緒になったのは偶然にしては出来過ぎていた。

メンタルで追い込まれた村田を、兄貴分の廣瀬が励ますという構図だ。しかし、廣瀬も当落線上の選手だった。それなのに、スーパーラグビー参戦や日本代表としての条件整備で慌ただしい日々を送っているのだ。トシさん、器がデカいな――。村田は思っていた。その一方でどこかふわっとしているところがあり、それが村田の心を癒した。ある日、廣瀬が、「なんか、この部屋臭いよな？　臭うよな。スパイクが臭すぎるな」と言い出したので、コンビニまで行ってお香を買い、部屋で焚いた。

「なにか、神聖な気分になるね」

廣瀬はそう言った。村田は思わず微笑んだが、そんな廣瀬が好きだった。

堀江もずいぶんと気を使ってくれて、休みの日には一緒に遊びに出かけた。親分肌の堀江だが、一緒に時間を過ごしているうちに様々な苦労をしてきたことが分かってきた。

帝京大を卒業してから、パナソニックに入り、スーパーラグビーでも日本人の先駆けとなった。ジャパンでも中心選手になって、順風満帆のキャリアに見える。でも、実情は違った。大学を卒業してすぐ、英語もできないのにニュージーランドに飛び立った。ラグビーがやりたくて仕方がなかったのだ。

「空港にはホストファミリーが迎えに来てなかった。不安だったよ。タクシーに乗って住所を見せて、なんとかたどりついたんだ」

昔を懐かしみながら、堀江は話してくれた。ニュージーランドでの一年目はリザーブに入っているのに、試合ではほとんど使ってもらえなかった。

「あのときは、ほんま、メンタルやばかったで。でも、腐らずにやってた。若かったね。だからいまがあるんやけどね」

自慢するわけではなく、村田は自分のことを思って話してくれる堀江の気づかいがうれしかった。

パシフィック・ネーションズカップが終わったあと、日本代表は帰国した。あと、一カ月。間もなく三十一人のW杯メンバーに入れるかどうかが決まる。

八月は、十五日に秩父宮で世界選抜戦が行われ、二十二日に福岡で、最後は二十九日に秩父宮でW杯出場が決まっているウルグアイ相手の連戦が組まれていた。

村田は十五日の世界選抜戦ではメンバーに入れなかった。ノンメンバーは宮崎で合宿を続けることになった。

二十九日の試合の前に三十一人のメンバーが発表される予定だった。そうすると、二十二日のウルグアイ戦が最後のチャンスになる。合宿地で、同じくノンメンバーだったロックの大野均が声をかけてきた。

「ツヨシ、飲みにいこうか」

酒豪で知られる大野均《ひとし》の誘いだ。きっと、自分のことを気に掛けてくれているんだ。うれしかった。二つ返事で「行きます」と答えたのだが、よくよく考えてみると、酒を飲んだことでのダメージが心配になってきた。もし、飲んで練習のパフォーマンスが落ちたら、ウルグアイ戦のメンバーに入れなくなるかもしれない——。やっぱり、行かない方がいいだろうな。

一旦行くと言ったのに断るのも気が引けたので、大野と同じ東芝の廣瀬に相談した。断っても大丈夫なものか、と。すると、廣瀬が言う。

「ああ、キンちゃんはそんなの全然気にしないよ。正直に自分の思っていることを話せば、分かってくれるよ」

村田は大野に断りを入れに行った。

「おお、そうか、そうだよな。頑張れよ、ツヨシ」

と大野は笑顔を見せてくれた。廣瀬の言った通りだった。

そしてメンバー発表。ウルグアイ戦のリザーブに村田の名前があった。正真正銘のラストチャンスだ。小野晃征が「ツヨシ、飲みに行かなくてよかったな。我慢したから入れたんだぜ」と励ましてくれた。

エディーは最後の最後まで、村田に期待していた。このままであれば、FW第三列は外国出身の選手たちで占められることになる。それが現状だ。しかし、村田が何かひとつでも際立ったプレーを見せれば、W杯本番でも十分に使える。10分間の出場で、インパクトを残すようなプレーが出来れば、スコッドに残れる。

そして蒸し暑い福岡での試合。村田は後半14分にヘイデン・ホップグッドに替わってピッチに登場した。出来ることを、すべて出し尽くした。

チャンスは与えてもらった。あとは、エディーの判断を待つだけだった。

村田は「俺、バカみたいだな」と思ってしまうほど、楽観的だった。絶対に自分は選ばれる

と信じて、毎日、毎日を過ごしていた。

「どうせ無理だよ。俺たちは練習台で呼ばれてるに違いないいんだ」という言葉を漏らす選手もいた。村田はその言葉を聞いて「もったいないな」と思っていた。何があるか分からないじゃないか。

ある晩には、第三列の人数を数えてみたりした。リーチ、ブロードハースト、ツイは選ばれるのは間違いないし、アイブスジャスティンはロックも出来るユーティリティ・プレーヤーだ。マフィはインパクト・プレーヤー。そうすると、自分が入る余地は……。それでもきっと、ある。

それにしても外国出身のバックローの選手たちは、サイズも大きく、スキルフルだ。一緒に練習することで、どれだけ自分が成長したか分からない。それにエディー・ジャパンに残っている外国の選手たちは、とにかく日本人的なメンタリティを持っている。外国人と聞くとレイジーな、いい加減なイメージを抱く人もいるが、彼らはラグビーに対しては極めて真面目だし、チームへの忠誠心も高かった。エディーはそういう部分を観察しているに違いない。

ウルグアイ戦から四日後の八月二十六日の朝、村田はエディーの部屋に呼ばれた。部屋に入っていくと、エディーは単刀直入に用件を切り出した。

「残念ながら、FW第三列、バックローのトップ6に入れなかった。ただし、このままハードワークしていけば、バックアップメンバーとして招集する可能性は十分にあります。準備しておいてもらえませんか」

その言葉を聞いた瞬間、勝手に目が潤んできた。くそっ、泣くもんか。自分の課題はずっと聞いてきた。結局、それを克服出来なかったってことだよな。

「何か、質問はありますか?」。エディーが訊いてきた。村田はひとつだけ、知りたいことがあった。

「最初の招集から、今回まで二年くらい間が空きましたよね。どうして、僕を呼んだんですか」

エディーは軽くうなずいてから、話し始めた。

「最初、第三列とかポジションに関係なく、ほとんどのメンバーを日本人で戦おうというプランを持っていました。しかし、二〇一二年のパシフィック・ネーションズカップでそれは難しいことが分かったんです。それで方針を変えた。バックローは人材が充実しているポジションですが、日本人の選手をいろいろ試してもみました。特徴的な選手を探していたんです。去年のトップリーグの試合で、君にはいちばんチャンスを感じました。最初に招集したときから比べて、身体はものすごく大きくなっていたしね。充実していた」

村田は視線を下げ、謝った。

「期待に応えられなくて、申し訳ありません」

エディーは虚をつかれたようだった。言葉が出てこない。村田は続けた。

「ＮＥＣに帰ってからも頑張ります」

あれだけ絞られたのに、毅は切られるのかよ——。落とされるために、怒られていた。それが選手たちの反応だった。

しかし荒木の考えは違った。エディーは村田を切るに当たっては、相当に悩んだはずなのだ。

エディーは不器用な人間でもある。力を引き出したい選手に対して、素直に「頑張れ」と言えない。しかも、「選べないので、帰ってください」と言うのも嫌なのだ。そして村田の処遇を決められない自分に苛立ち、ジワジワと文句を言うようになる。荒木は村田からこんな言葉を聞いていた。

「もう、切られるのかな、と思っていると、『明日も期待しています』って言われたり、エディーさんが何を考えているのか、よく分からないんです」

村田の言い分はもっともだ。しかし、荒木にはエディーの気持ちも分かった。彼と話してい

て感じたのは、「こういう激しいプレーを見せてくれれば、残せるんだが」という期待をエディーが持っていることだった。それがいつ見られるのか、エディーにも分からない。ひょっとしたら、出ないのかもしれない。でも、ウルグアイ戦で衝撃的なプレーをひとつでも見せてくれれば、エディーの頭の中にあるジグソーパズルのひとつのピースに組み込まれる。村田には、そういうプレーを見せて欲しい。だからこそ、言葉がきつくなる。「なんなんだ、そのプレーは！」

言葉は人間関係を規定する。ネガティブな発言が続けば、村田のパフォーマンスも落ちてしまう。引き出したいのに、エディーはかえって萎縮させている。本人も言い過ぎてしまった、と後悔するときはある。しかし、本人の口から言うのではなく、通訳や荒木を介して謝罪の気持ちを表す。まったく、不器用なのだ。

二十六日の朝、エディーから落選を通告されたのは、村田の他にプロップの垣永真之介、渡邉隆之、ロックの宇佐美和彦、第三列のヘイデン・ホップグッド、スクラムハーフの内田啓介、センターの山中亮平だった。

そしてノンメンバーとなってしまった七人を含めた最後のプレーヤーズ・ミーティングが行われた。村田は三十一人のメンバー、ひとりひとりと握手を交わした。「頑張って」という思

いを右手に込めた。過去にW杯を経験しているメンバーからは、「あまりうれしくはないことだけど、W杯はケガ人が出るものなんだ。だから、きちんと準備しておけよ」とアドバイスをもらった。

選手ひとりひとりに渡されていたタブレットも返さなければならない。分析担当の中島正太に返却すると、「練習メニューは見られるようにしておくから」と言われた。まだ、終わってないんだな――とは思ったが、失望は隠しようがなかった。

渡邉とホップグッドはその後もチームと帯同することになり、他の五人はそれぞれの住む場所へ帰るべく宮崎空港に向かった。何度も、何度もこの空港へやってきた。しかし、その旅ももう終わりだ。ひょっとしたら、二度と来ることはないかもしれない。

誰もが無口だった。地獄から解放された。もう、エディーに怒鳴られることもない。しかし、解放の喜びはまったくなかった。そこには挫折と、悔恨だけがあった。

空港には早く到着したので、搭乗時間まではずいぶんと時間があった。お土産を買うような気分でもない。誰かが言った。

「ビールでも、飲みますか」

誰も否定しなかった。ずっと、酒を我慢して練習に明け暮れてきた。節制し、自分の限界を引き出してきた。

グラスに注がれた琥珀色のビールが、五人の大きな手に収まった。乾杯、と言うわけにもいかない。「おつかれさま」という言葉が自然だった。

村田はビールを口に含んだ。

美味しくなかった。

ビールがこんな味だとは、この歳になるまで知らなかった。


東京に戻ってくると、宮崎の日々が嘘のようだった。時間の流れが違う。しかし、逃れられないものがあった。

夢にエディーが出てくるのだ。

夢の中で、村田は練習をしている。ジャパンの練習だ。でも、練習しているのに眠い。眠すぎる。グラウンドに立っているのに、眠りそうになっている。すると、エディーの声が聞こえてくる。

「寝るな！　寝るんじゃない！」

ひたすら、エディーが「寝るな」と叫んでいる。でも、俺はもう寝ているんじゃないのか。

練習で寝るなんて、絶対ダメだ、寝ちゃだめだ、ああ、でも俺は寝ている……。

トラウマが夢になって表現されているのだろうか。村田はそう考えた。

そしていつも、朝五時半には目が覚めた。

村田たちが帰る前、エディーから選手たちに重大な発表がなされていた。

「私はW杯が終わったら、スーパーラグビー、南アフリカのストーマーズと契約をします。ストーマーズが発表してしまった後では、遅い。だから、今日ここでみなさんに発表します。ただし、私がW杯ですることは何ひとつ変わらない。日本のラグビーの歴史を変える。ただ、それだけです」

大きな驚きを見せた選手はいなかった。そういうこともあるだろうな、と淡々と現実を受け入れた選手の方が多かった。

五郎丸歩は、この四年間いろいろなことがあったけれど、強化、そして個人の能力を高めることに関しては、本当にエディーにお世話になった。W杯まであと一カ月を切った。いい形で終わらせたい。そう念じた。

十九歳の時にエディーと出会い、その性格をよく知るクレイグ・ウィングは、その知らせがチームにとってよりポジティブなものになったと感じていた。地獄とも思える合宿、なかなか結果が出ないパシフィック・ネーションズカップを乗り切って、チームのメンバーの感情はシンクロするようになってきた。だからこそ、全員がエディーの出発を受け入れられる気持ちに

なっていた。ヘッドコーチがいなくなったって、関係ない。俺たちはW杯で歴史を変えるだけだ。

メディアの反応は、エディーは無責任だとか、もうW杯の後のことを考えるなんて自己中心的だと批判する論調が目立ったが、「結局、マスコミって何も分かってないんだな」というのが選手たちの反応だった。エディーがどれだけハードワークをしてきたのか、知っているのだろうか。自分たちがどれだけのプレッシャーに晒され、それをどう乗り越えてきたのか、まったく分かってないじゃないか。メディアのネガティブな反応もまた、選手たちに「自分たちにしか分からないこと」という意識を強く共有させる結果になった。

その発表に、もっとも心を揺さぶられたのは廣瀬かもしれなかった。

エディーが日本を離れることを聞いた時、これはエディーの「シックスセンス」が働いたのではないか、と思った。とにかくエディーはあらゆることに計算が働く。どのボタンを押せば、誰が動き、どんな効果が生まれるのかを予測してから動く。だからこそ、スーパーラグビーで自分たちが決起したとき、予想外のファクターが働いたことでエディーは激怒したのだ。しかし、このタイミングで選手たちにヘッドコーチを退くことを発表するのも逆にチームをポジティブな方に導くと、第六感が働いたのではないだろうか？　ここで自分がいなくなることを公表すれば、チームは結束する——。

そんなことを考えているうちに、廣瀬には想像もしていなかった感情が押し寄せてきた。エディーに対する感謝の念が芽生えたのだ。

主将を任され、主将を外された。そして、チームを空中分解させている下手人とまで名指しされた。しかし、ここまでやって来られたのもまた、エディーのおかげなのだ。廣瀬の胸に、W杯を最高の形で迎えてみせるという決意が生まれた。自分は試合に出られるかどうかは分からない。しかし、オフ・ザ・フィールド、ピッチの外でのことでチームに貢献しよう。いくらでも仕事はあるじゃないか。

一方、日本代表がW杯に向けて最終準備をしているこの時期、スーパーラグビーの選手登録期限が八月三十一日に迫っていた。廣瀬たちは少しずつ条件を整え、契約までの道筋をつけた。あとは個々の選手がどう判断するかである。

CEOの上野裕一はW杯への出発を目前にした選手たちとの契約に奔走した。期限の数日前には、関係者から「メンバーを揃えるのはもう無理。撤退しましょう」という声さえ聞こえた。しかし最終的にはトップリーグの各チームの理解と協力を得て、どうにか陣容を整えることが出来た。チームの名は「サンウルブズ」に決まった。

八月二十九日、秩父宮で日本代表はウルグアイ代表を40対0と完封し、リーチはチームの団結力が急速に高まっていると感じた。試合後、ホテルに向かう帰りのバスの中では、『ジャパニーズ・ソルジャー』と名付けられたチームソングをみんなで歌った。リーチは思った。本当のチームになるためには「問題」を超える必要がある。エディーの強烈な個性は選手を追い込んだ。でも、トシさんもみんなも、負けてなかった。問題が大きく、根深く、解決にエネルギーを必要とすればするほど、選手同士、選手とスタッフの絆は強くなる。

九月一日、イングランドに向けて、リーチは仲間とともに羽田を飛び立った。機内でエディーは仕事をしていた。

「一番のハードワーカーはあの人なんだよな」

そう思って、リーチは微笑んだ。

第五章

カウントダウン

Count Down

小柄な身体で〝ジャパン・ウェイ〟を体現した小野晃征

リーチマイケルは、スーパーラグビーから日本代表に合流してからというもの、自信がみなぎっているのが分かった。スーパーラグビーでの経験は選手としての自分だけではなく、リーダーとしての自分を大きく成長させてくれていた。

チーフスに加入してまず驚いたのは、データ分析や映像解析が日本に比べても大きく進んでいることだった。スポーツのデータ分析を専門とする「STAT Sports」がスポンサーとして入っていて、プレシーズンには選手たち自身が分析ソフトの講習を受けなければならなかった。クラブハウスにはコンピュータが複数台置いてあり、選手たちは試合後に自身のプレーのビデオクリップを作って、首脳陣にプレゼンテーションする機会が頻繁に設けられていた。さらにリーチは、同じポジションを争うサム・ケインのスタッツを常に意識するようにしていた。数字の面で、ライバルを上回ってレギュラーをつかみ取るのだ。

またスーパーラグビーでは南アフリカのチームとも対戦するので、必然的に選手たちの癖や傾向をたっぷりと勉強することになった。分析から得た相手の強み、弱みをホワイトボードに書いていき、自分がどんなプレーをするべきかを理解していく。

日本代表でもチームとしてその作業をしたとき、リーチだけでなく選手たちには大きな発見があった。

想像していたよりも、南アフリカ、スプリングボクスはそれほど強くない。

もちろん、ＦＷがパック、塊になったときの強さはある。しかし、個々の選手たちを分析していくと、自分たちの遥か上を行っている選手なんて、いなかった。それどころか、ジャパンの方が上回っている部分も見えてきた。特に下のボールへの働きかけや、タックルに入るタイミングなどは日本の方が優れていた。

南アフリカが強いというのは、歴史がそう感じさせるのであり、幻影なのだ。

スプリングボクスは自分たちの手の届くところにある。

分析で活躍したのは廣瀬俊朗だった。チームにはパソコンが二台しかなく、リーチが使おうとすると、いつも廣瀬が使っているのだった。

廣瀬は丹念に南アフリカのディフェンスを分析したうえで、「これ、内側が空くんだよね」という結論を得ていた。その証明となる映像の選択も分かりやすく、それどころか練習では廣瀬が南アフリカの選手の特徴を再現し、ピッチ上で選手たちとディスカッションを重ねていた。

リーチは八月の下旬から、チームがあらゆる面で充実していることを感じていた。

「私たちはこれで、笑顔でＷ杯に臨むことが出来ます」

九月五日、エディーは記者会見の席上、上機嫌で話し始めた。グロスターのキングスホル

ム・スタジアムで日本はジョージアを13対10で下し、W杯前最後の試合を終えた。しかも後半37分、アマナキ・レレイ・マフィが逆転のトライをあげる劇的な勝利。エディーが上機嫌になるのも無理はなかった。

「この勝利は心理的に大きな意味があります。W杯に出場するウルグアイに二勝して、ジョージアにも勝って三連勝したことになります。これで十九日にピークを持っていくことが出来るでしょう」

エディーはフロントローへの賞賛を惜しまなかった。

「今日のスクラムはエクセレントでしたね。フロントローはいい仕事をしたと思います」

言うまでもなく、九月十九日には南アフリカ戦が控えている。

「振り返ってみれば、去年の十一月にはジョージアに負け、スクラムを耐えることが出来ずに、モールでも苦戦を強いられました。今日、スクラム戦では優位とまでは言えませんが、五分の戦いが出来たと思っています」

最後のウォームアップ・マッチにジョージアを選んだのには、大きな意味があった。二〇一四年の十一月二十三日、日本は敵地でジョージアに24対35で敗れた。

「FWがスクラップにされた」

エディーはこの試合のあとの会見で、そう吐き捨てた。日本のFWは粉砕された。一四年のジョージア戦。フッカーに入った木津武士は、これまでに感じたことがないようなプレッシャーを受けていた。

ジワリ。ギューッ。危ない、落ちる！

日本のスクラムは瓦解し、ペナルティを取られた。

スクラムは、レフェリーの「クラウチ（しゃがむ）」「バインド（腕を組んで）」「セット（組んで）」の三段階の号令によって組まれるが、ジョージアはバインドの段階で体重をかけてのしかかってくる。しかも前のめりなので、ともすればスクラムが落ちそうになる。木津には未知の体験だった。

厳密に言うならば、バインドの段階でプレッシャーをかけるのは反則の可能性がある。しかしそれは、成文化されているわけではなく、グレーゾーンの問題だ。そうなると、判断はレフェリーに託される。

この日、レフェリーがフランスのロマン・ポワット氏であることも日本には災いした。ポワット氏はルールに厳格な「教条派」と目され、笛の鳴る回数が多く、試合がぶつ切りになる。この日も例外ではなかった。しかし、スクラムについてはバインドの段階での圧力にポワット氏は寛容だった。

日本はどちらかと言えば、南半球の影響を多く受けている。南半球のラグビーはスクラムの重要度が北半球ほどではないし、フロントローに距離を持たせてスクラムを組ませるレフェリーの方が多い。安全面、そして展開型のラグビーを志向しているからだ。北半球型のスクラムに日本は対応出来ていなかった。

二〇一五年のW杯に向けて、世界の趨勢はスクラムの優劣、特にいかに相手から反則を奪うかがゲームの決め手となる方向に動いていった。たとえば、ハーフライン付近のスクラムで反則があったとする。ペナルティをもらったチームはタッチキックで敵陣深くに侵入し、マイボール・ラインアウトでゲームを再開出来る。ハーフライン付近のスクラムは、下手をすれば失点に直結しかねないのだ。W杯を勝つ上で、スクラムの安定性は絶対条件になっていたが、W杯の本番まで一年を切ってから、日本代表はスクラムで大きな問題を抱えていることが露呈してしまった。

スクラムコーチのマルク・ダルマゾは、ジョージア戦の前のスクラム・セッションで、バインドの段階でプレッシャーをかけられるということを想定して練習をしようとはしていた。ところが、実際のセッションで試しにやってみると、何人かが「危ない、危ない」と叫んでいた。選手たちはそれまで経験したことのない負荷を首に感じていたのだ。

「これは、ダメだ。試合前だし、やめよう」

ケガのリスクを回避する意味でも、「バインド」対策は先送りにしたのだが、試合ではその弱点があぶり出されてしまった。

試合後、異様なプレッシャーに晒されたフッカーの木津は、「ああいうプレッシャーにはどう対処したらいいんですか？」とダルマゾに質問していた。ダルマゾは「そうか」という顔をしながら、うまく答えを伝えきれずにいた。

フランス語通訳の福本美由紀は通訳をするときに、ダルマゾが自分の「脳内画像」を表現するのに苦労しているのを感じていた。選手に指示を出すときも、「それ」「この」「あれ」などの代名詞を多用する。自分の頭の中では〝見えて〟いるが、それを「木津の足」といった言葉にすぐに変換出来ないのだ。このときも、ダルマゾはうまく説明出来ず、木津は納得いく答えを得られなかった。

ダルマゾは福本に対して、

「選手たちに不安を与えることなく、ジョージアのスクラムの強さを伝えることが出来なかった。悔しい。残念だ。まったく自分の落ち度だ」

と話した。

選手の恐怖を抑えつつ、適切な準備を行う。それを先送りしたことをダルマゾは悔やみ、人生を懸けての解決課題とした。このジョージア戦のあと、エディーから四月から始まる合宿で

の練習メニューの立案を、福本経由でダルマゾは受けた。

福本が打ち合わせのために電話をして、エディーの依頼を伝えると、決まってダルマゾは同じことを繰り返し言ってきた。

「ジョージアに負けて悔しい」

三日経っても、一週間経っても、

「ジョージアに負けて悔しい」

とそればかりを言う。福本が「いったい、何が悔しいの？」と質問すると、

「ヨーロッパ型のプレッシャーを教え込むことが出来なかったし、フランス人レフェリーの特徴も伝えられなかった。ああ、悔しい。私はいったい、何をしていたんだ！　山ほど仕事があるじゃないか。ああ、ジョージアに負けて悔しい」

と嘆いた。福本は用件を伝えつつも、ダルマゾの愚痴に付き合った。

ダルマゾはジョージア戦の反省を生かし、南アフリカに対してどう戦えばいいのかを考えに考え抜いた。必要なストレングスは？　テクニックはどこを磨けばいいのか？

ダルマゾは仮説を立てた。まずは相手の圧力に耐えられる肉体を作らなければならない。その上で執拗な揺さぶりに対抗出来るテクニックを身につけさせよう。そのためにはその考えが正しいかどうか、現場で実証しなければならない。そこで自分が指導するクラブでそれを試し

始めた。言葉は悪いが「実験台」だ。

十二月はかつて自分がコーチをしていたフランスのモン・ド・マルサン。年が明けて、一月にはスーパーラグビーのハイランダーズでも自分の理論を試してみた。もちろん、ハイランダーズがクライアントではあるが、心はジャパンにあった。「ジョージアに負けて悔しい」、それがモチベーションになっていた。そして実験は二月、三月とフランスのダックスでも続いた。その間、FWコーチのスティーブ・ボーズウィックと連絡を取りつつ、コンディショニング&ストレングス・コーチのジョン・プライヤー（JP）ともトレーニング・メニューを相談していた。

「首、そしてコアの筋力アップが必要だ。JP、彼らに必要なものを身につけさせてやってくれ」

フランスとニュージーランドでの実験の結果、三月、ダルマゾは福本に言った。

「どうやら、解答が見つかったようだ」

そして四月を迎え、ダルマゾは木津に対し「あの時、答えになってなかったね」と謝った。

それから半年間、ダルマゾはストレングスとスキルを鍛えに鍛え抜いた。バインドでのプレッシャーに耐える。必要なのは、それに耐えうる姿勢を作ること。そしてこちらもバインドで積極的に仕掛けていく。

時には「呼吸を合わせるんだ」というアドバイスもあった。スクラムを組むときに八人で息を吸ってから、セットの瞬間に全員が同じタイミングで息を吐く。八人のスクラムが肺呼吸をするのだ。

そしてW杯本番を目前に、ジョージアとのウォームアップ・マッチでそれを試すときがきた。

日本は、押されなかった。バインドの段階でのプレッシャーにも対処し、スコットランド戦のレフェリーを担当するジョン・レイシー氏ともコミュニケーションを取ることが出来た。ジョージアに勝ったあと、ダルマゾはまるでW杯が終わったかのように喜んでいた。

「ジョージアのスクラムに勝ったぞ！」

歓びにあふれたジョージア戦が終わって数日後のことだ。

この試合にスタンドオフで先発していた立川理道は、エディーとの面談に臨んだ。

「ハル、南アフリカ戦ではリザーブに入ってもらう」

立川は「えっ」という動揺を悟られないように感情を封じ込めた。そうか、先発にはなれなかったか……。悔しかった。イングランドに入ってからは調子も良かったし、どうしても試合に出場したかった。

「どうして、僕は先発に入れないんでしょうか？　どうしたら、10番、12番に戻れますか？」と率直に質問をぶつけた。エディーはクレイグ・ウィングと立川のどちらを使うか、正直、迷ったと打ち明けてくれた。

「ハル、この人選はタフだったし、悩んだんだ。今回は、ディフェンスを軸として南アフリカと戦うという意味で、ウィンギーを選んだ。そのことは理解して欲しいし、リザーブだからといって悲観する必要はまったくない。このままの調子を持続していけば、どの試合とは保証は出来ないが、必ずメンバーには戻れるだろう」

エディーの説明はクリアだった。ウィングはリスクを冒してでも相手を潰しにいくタイプの選手だった。エディーは彼のディフェンスを重視したということだ。悔しくはあったが、立川は納得せざるを得なかった。

ハーフバックスは田中、小野のふたり。相手攻略の鍵となるセンターにはウィングにサウ。両翼には松島と山田を配して、フルバックには不動の五郎丸。エディーのプランは固まった。

九月十五日、火曜日。スプリングボクスとの試合は四日後に迫っていた。

ホテルからバスで十分ほどのところにあるブライトン・カレッジでの練習で、メンバーの集中力は極限にまで高まりつつあった。南アフリカとの試合に向けてやるべきことは定まってい

た。試合で想定されるムーブ（サインプレー）の完成度も上がり、選手たちも快活に意見を交わし合っていた。

イングランドらしく、天気は気まぐれで、ざっと雨が降った。そして――。虹が出た。しかも、ふたつ。

ヘッドトレーナーの井澤秀典は、

「ダブル・レインボーだ」

と思った。海の方から光が当たり、ブライトンの町の方に虹が出て、その外側にもうひとつ虹がかかっていた。しかも七つの色がすべて、クリアに見えた。

晴れやかな気持ちでその虹を眺め、「何かいいことがあるかもしれないな」と、ふと感じた。すると、隣にいたトレーナーの青野淳之介がつぶやいた。

「なんだか、勝つような気がしてきたんですけど」

井澤も本当はうなずいて、同意したかった。しかし、願望に近いことを口に出してしまっては運が逃げる気がして、

「当たり前だろ！」

とわざとぶっきらぼうに答えた。本当は、青野の気持ちは十分すぎるほど、分かった。

虹が吉兆に思えたのはたしかだ。しかし、多くのスタッフが「勝てるかもしれない」と思っ

たのは、練習内容が充実していたからに他ならなかった。

選手だけでなく、スタッフもまた臨戦体制を整えていた。


水曜日。

この日の午後は、南アフリカ戦を控えて最後のオフだ。

小野晃征の緊張は、最大限に高まっていた。「どうして、こんな日に限ってオフなのかな」と思った。

やることがない。一日が長い。どうやって過ごしたらいいか分からない。

突き詰めていくと、「正解はない」と気づいた。試合に向けてストレッチをした方がいいのか、それとも南アフリカの試合のビデオを見て分析した方がいいのか。発想を変えて、町に出てカフェでお茶でもした方がいいのだろうか。エディー・ジャパンのラストイヤーが始まって、百四十日間というもの、スケジュールがガチガチに決まっていたので、その流れに沿って生活することに慣れてしまっていた。いきなり、フリータイムを差し出されて、すっかり戸惑ってしまった。

結局、小野はイングランドまでやって来た妻とカフェに行くことにした。離れ離れで暮らす時間が長かっただけに、W杯を前にふたりで過ごせる貴重な時間だった。

ところがホテルに帰って、ベッドに横になっていると冷や汗が出てきた。こんなことは、かつて経験したことはなかった。メンタルコーチの荒木のアドバイスが思い出された。

「寝られないとか、冷や汗が出てくるとか、そういうことは起こりえます。でも、そこで焦る必要はない。決してマイナスなことではないから。体が大一番を前に準備してる状態だから、心配は要りません」

ああ、いま俺の体は戦いに行く準備をしてるんだ——。小野はそう感じた。


木曜日。

スプリングボクスとの試合まであと二日となった。特にコーチ陣には緊張感が高まっていた。この日の練習で、不安要素が出てきたからだ。

左のセンターで先発予定のクレイグ・ウィングのふくらはぎにトラブルが出た。痛みがあり、百パーセントのパフォーマンスは難しいかもしれない。

ウィング自身には、何か特定のプレーでケガをしたという感覚はなかった。思い当たることがあるとすれば、イングランドの柔らかい芝生だ。九月のこの時期も湿気をたっぷりと含んでいる。ジョージアとの試合でも八十分間フルにプレー出来たが、おそらく、知らず知らずのうちにふくらはぎに負担を強いていたのかもしれない。くそっ、こんな時に限って——。

しかし、エディーは諦めきれなかった。南アフリカに対しては、ウィンギーが必要だ。コーチ陣に向けて、エディーは「様子を見たい」と話した。

「ウィンギーは五分五分、いや、もっと可能性は低いかもしれない。でも、もう少し様子を見てみたいんだ。明日のキャプテンズ・ラン（前日練習）の段階で最終的に判断しよう」

ウィングが使えない場合には、立川がセンターに入ることになる。さて、どうなるか――。

夜が明ける。

エディーはいつも通り真っ暗なうちから目を覚まし、新聞やインターネットなどで情報を収集し、自分のプランのアップデートを行った。

この日は朝食後に全体ミーティングを開き、その後、スタジアムで十二時三十分からキャプテンズ・ランが予定されていた。

選手たちは戦いの準備を順調に整えている。ウィンギーの状態が心配だが……。ここでもう一段階、選手たちのメンタリティを充実させたい。「演出」を用意しておこう――。

イングランドに入り、南アフリカ戦の二週間前の時点で、エディーは分析担当の中島正太にビデオの制作を依頼していた。

「ショウタ、チームがスタートしてからの試合やトレーニングの映像を集めて、三分から四分

くらいのモチベーション・ビデオを作ってくれないか。映像の素材はショウタが保管しているだろうし、写真はマユ（広報の渡邉まゆ子）が持っているだろう」

それまでも試合前日には、いいイメージのビデオを流すのが通例になっていた。ただ、二〇一五年に入ってからは、モチベーションを高めるような特別な映像は使っていなかった。〝本番〟に向けて温存していたのだ。エディーは最後の映像に入れる文字だけは指定してきた。

「Versus Springboks. 2019/09/19. Make a New History.」

スプリングボクス相手に新しい歴史を作れ。歴史の創造者たれ。

普段の中島の仕事は、試合の映像をパソコン上でプレーや選手ごとに分類していき、コーチ陣が必要な素材を素早く提供することだ。その仕事は代表の活動期間中だけにとどまらず、トップリーグの開催中は代表候補選手すべての映像素材を集め、そのプレーをひとつひとつ分類していく。

廣瀬のランが斜めに向かう傾向があったり、立川のパスを受けるときの身体の向きがスクエア、正面を向いていないといった課題は、中島が分類し、コーチ陣と選手に共有される。中島はすべてのプレーを把握しているといっても過言ではなかった。

試合ともなれば、さらにハードな仕事が待っている。試合終了後から朝まで一睡も出来ない。エディーが要求する素材を提出しなければならないからだ。エディーのリクエストは「南

アフリカの22メートル以内でのディフェンスの映像が欲しい」など、いつもは具体的なものが多く、今回のように抽象的なテーマでの映像発注があったのは初めてだった。

実は、中島はそうしたモチベーションビデオがいつか必要になるだろうと考えていた。準備段階でやるべきことはすべてやり、最後の最後にエディーは気持ちのまとまりを重視する。そのきっかけになるような作品を考えておこう。そしてそのときがやってきた。

まずは、ミーティングの席上、エディーからW杯初キャップの選手と、主将のリーチにジャージが渡された。五郎丸歩を含め、何人かの選手はおどけた調子で「絶好調!」とジャージを受け取った。

そして、ミーティングルームに映像が流れる。湯原祐希は、「へえ、ビデオなんてあるんだ」と何気なくスクリーンに目をやった。コールドプレイの『ヴィヴァ・ラ・ヴィーダ』とともに、前主将の廣瀬俊朗が国歌を歌っているシーンが流れた。

三年前、すべてがスタートした時の映像だ。

間に練習風景のスナップが挟まる。菅平。宮崎での海中ラインアウト練習。コールドプレイの歌に乗せ、時は進む。二〇一三年、秩父宮でのウェールズ撃破。二〇一四年、初夏にはイタリアを破り、秋になってマオリ・オールブラックスには惜敗した。

そして二〇一五年の宮崎での果てしない地獄のような日々。光景はすべて美しい。しかし、

選手たちは泥だらけで、亡者のような表情さえ浮かべている。鍛錬、衝突、忍耐。あらゆる肉体や精神の限界が試された日々だ。

堀江は涙をこらえるのに必死だ。

廣瀬は周りに悟られないよう、こっそりと泣いた。

中島が作ったビデオは、廣瀬から主将を受け継いだリーチが国歌を歌うシーンで締めくくられていた。エディー・ジャパンの長い旅がそこに凝縮されていた。

終わって、しばらくは誰も言葉を発しなかった。誰もが自分が過ごしてきた時間を反芻していた。

小野はこのビデオを iPhone にすぐに入れてもらった。南アフリカ戦に向かうバスの中でもう一度、見ようと思ったのだ。小野が思うに、この映像の意味は、「日本代表がどれだけ成長してきたか」という事実を、映像によってみんなが確認できたことだった。

エディーは常に前を向いて生きるタイプの人間だ。しかし、一度立ち止まって過去を確認することも大切だったのだ。いつがスタートだったのか。そうだ、廣瀬が国歌を歌っているシーンだ。そしてウェールズに勝ち、マオリ・オールブラックスを追いつめた。何より、みんな身体が大きくなっていた。

日本は変化した。ジャパンは、変わった。

世界はまだそれに気づいていない。

みんなの感情を揺さぶる充実したミーティングが終わり、その後に全員がバスでスタジアムに移動した。キャプテンズ・ランを行うためだ。

ラグビーでは試合前日の練習を「キャプテンズ・ラン」と呼ぶ。主将の統率のもと練習を行い、その冒頭部分をメディアに公開する。

エディーがヘッドコーチに就任した当初、前日練習はキャプテンズ・ランではなく、「ゲーム・リハーサル」という名称で呼ばれていた。エディーが「現在の日本代表は、キャプテンが練習を引っ張れるほどの成熟したチームではない」と判断していたからだ。しかし、リーチのキャプテンシーが伸長していくことで、選手主導の練習が実施されるようになり、八月以降、エディーもキャプテンズ・ランという名称に異を唱えなくなった。リーチに権力の移譲をしていこうとしていたのだ。最終的にラグビーは選手の自主性、キャプテンのリーダーシップが勝敗を分ける。ただし、小野晃征はあくまで「エディーの監視下におけるキャプテンズ・ラン」だと思っていた。

小野はニュージーランドでの生活が長かったから、本来のキャプテンズ・ランのあり方を熟知している。キャプテンの統率の下、メンバーが最後の練習を行う。しかし、W杯を前にした

段階でも、キャプテンズ・ランの練習メニューは、リーチと小野が試合の三日前に話し合って内容を決め、二日前にエディーの了解を取らなければならない。小野にとっては、キャプテンズ・ランのミーティングがもっともストレスフルな会議だと感じていた。エディーは簡単には首を縦に振らない。

だからリーチとプログラムを考えるにしても、どうしても「エディーだったら」という発想が入ってきてしまう。そこで正解を探すのは骨が折れた。これまでの前日練習の傾向はアップテンポのプログラムで、アップとリカバリー、終わってからの個人練習を含めて四十分ほどの内容で組まれることが多かった。様々な要素を忖度《そんたく》しながら、エディーの許可をもらったのだが、当日、悪いニュースが飛び込んできた。

キャプテンズ・ランの前に、クレイグ・ウィングのふくらはぎの状態をスタッフが確認したのだが、「NO」という判断が下されてしまった。

南アフリカ戦では、ディフェンスを中心にゲームを組み立てる。ハードで攻撃的なタックルが武器のウィングの存在はエディーのゲームプランにおいては欠かせないものだったが、これで12番に立川、リザーブに田村優が入ることが決まった。「ウィンギーはフィフティ・フィフティだな」と淡い期待を抱いていたエディーだったが、このニュースを受け、すっかり無口になってしまった。悪い兆候だ。

選手たちはといえば、軽い疲労や緊張を覚える者が多かった。そうした声を受け、リーダー・グループは、

「ちょっとスピードを落としてやっていこう。ここで疲れを溜めても仕方がない」

と判断した。

十二時半のキャプテンズ・ランを前に、主将のリーチマイケルはかすかに緊張を覚えた。いつもに比べてメディアの数が多く、試合に準備してきたことをテレビカメラの前に晒したくない。南アフリカが練習内容を目にすることだって十分に考えられた。だったら、メディアがいる間はストレッチをやったりして、当たり障りのない練習にしよう。

それがエディーの逆鱗に触れた。

「この期に及んで、何をやってるんだ！　今までやったことがない練習だなんて、何を考えてるんだ！」

エディーは例外を嫌う。周到な準備によって、すべてを「アンダー・コントロール」、支配、把握することで戦いの準備を整える。集大成となる大一番を前に、これまでやったことのないのんびりした練習をするなど考えられなかった。いや、信じられなかった。

リーチもナーバスになっていた。練習を見守る広報の渡邉まゆ子に、幾度となく「メディアへの公開は、あと何分？」と質問をしていたのだ。そんなことは初めてだった。早く自分たち

の時間にしたいという小さな苛立ちがあった。

メディアが退出した後も、エディーは不機嫌なままだった。サインプレーの練習などを見ながら、「スピードがないっ！」と怒鳴ってくる。選手たちは強度を高めたくないから、「もっと落としていこう。歩くくらいでもいいよ」と話し合っていた。選手たちが勝手なことをしているように見えたエディーは、「スピードチェンジがないぞ」「いったい、なんだ、クソっ」と声を荒げるばかりだった。

案の定、リーチは練習後にエディーに呼び出され、なじられた。

「ひどい練習だな」

まったく仕方がない、とリーチは半分諦めながらエディーの言葉を聞いた。エディーの思い通りにならなかったのは、分かる。でも、本当にスピードチェンジが気に入らなかったのか、あるいはサインミスとか、ランニングコースの間違いが気になったのか。単にこんな練習にしてしまった自分に腹を立てていたのかもしれない。

ふたりがシリアスな雰囲気で話をしているのを、堀江翔太が見ていた。「何言われたん？」と質問すると、「大したことじゃないよ」とリーチは平静を装った。

「またまた、そんなこと言わんと、言うてみ」

「……クソ練習って言われたよ」

その話は選手たちに広まった。しかし、ヘッドコーチに何と言われようと、簡単に動揺するようなことはなくなっていた。選手たちはリーチの示す方向に従い、気持ちはひとつの方向に向いていた。

ビート・ザ・ボクス。南アフリカを倒すのだ。

イングランドに入ってから、リーダー・グループが解決課題として挙げていたのは、エディーをいかに精神的に安定させるかということだった。実際、イングランドに来てから精神的にいちばん不安定なのはエディーではないか——という意見が出ていた。選手たちに「緊張してはいけない」と言いつつ、緊張しているのはエディーさん、あなたでしょ、と選手たちは気づいていた。その空気がコーチ陣たちには伝播していた。六月のスーパーラグビー問題の時には、やめると言い出したこともあったし、W杯を目前に控え、そうしたトラブルは避けたい。リーダーたちは話し合い、妙案を思いついていた。

荒木さんを呼ぼう。

メンタルコーチである荒木は、日本での合宿中にその仕事を終え、イングランドには帯同していなかった。しかし、その道のプロである荒木の意見にはエディーも耳を傾ける。もちろん、選手のためにもなるし、何よりエディーにプラスに働くだろう。リーダー・グループは、真意を包んでエディーにこう進言した。

「選手たちが落ちついて準備するためにも、荒木さんを呼んでくれませんか?」

もともとのプランには、W杯現場での荒木の仕事は想定していなかったが、エディーは選手たちの意見に同意した。そして早速、連絡を取った。

「カオリ、選手たちが君のことを必要だと言っている。来てくれないかね?」

エディーには、W杯が近づくにつれて緊張のせいでベストのパフォーマンスが出来なくなる選手も出てくることが予想できた。南アフリカの分析、そして戦術の落とし込みに追われるコーチ陣だけではとても対応できない。ここで助けてくれるのは荒木しかいない。

しかし、荒木はW杯を京都の家で見るつもりでいた。いきなりイングランドまで来て欲しいと言われても、小さい子どもの世話もある。動きようがなかった。状況を説明すると、エディーは即座に返答した。

「大丈夫。息子さんも、ベビーシッターも一緒に連れてくればいい。それで、解決しますか?」

こうして、荒木は息子とともにチームに合流した。

チーム全体には「緊張することは悪いことではない」ということを伝えたかった。それが戦いに向かう人間の正常な反応であると。


立川はピッチの感触を確かめた。明日、この場で自分が南アフリカを相手にプレーをする。

武者震いがした。

「これは……チャンスが来たぞ。四年間、このためにやってきたんだ」

キャプテンズ・ランをもって正式に12番に入ることが決まり、二十五歳のセンターは全身が粟立つのを感じた。小野のパスを受け、センターの相手役サウ、そして五郎丸とのコミュニケーションを図りながら、試合に向けての準備を終えた。

この試合のために重ねてきた準備には自信があった。まだ、ホイッスルは鳴っていないが、自分の努力が報われたという気がした。よし、絶対にウィングよりもいいプレーをしよう。ウィングがいれば……と思われたりしたら、悔しいじゃないか。自分が出たからこそ、ラインが機能したと言ってもらえるパフォーマンスをしよう。

立川は自分のモチベーションが違う次元に突入したように感じたが、一方で不安を覚えてもいた。イングランドに入ってから睡眠の質が悪くなっていたのだ。

これまでの人生では寝つけないことなど、ほとんどなかった。高校の花園大会や、天理大時代に大学選手権決勝で帝京大と対戦した時も緊張はしなかった。これまでのテストマッチもそうだ。それなのにイングランドに来てからは興奮し、いろいろなことを考えてしまい、なかなか寝つけないのだ。いったん、眠りに落ちたとしても妙な夢を見る。

俺、おかしいいんちゃうか？　自分に疑問が湧いていた。

こうした不安はクリアした上で、試合に臨みたい。立川は、考えた。

「荒木さんと話してみようかな」

それまで立川は、荒木と一対一で話をしたことはなかった。荒木は必要としてくる選手に対してだけアドバイスする。立川はそれほど必要性を感じたことはなかったのだ。

試合前日の午後、荒木は宿舎のラウンジで立川と向き合っていた。「どないしたの?」

立川は、「南アフリカの試合のビデオなんか見てたら、興奮してしまって眠れないんです。不安も出てきましたし……」と抱えている悩みを率直に打ち明けた。

荒木は話を聞くだけではなく、紙に不安要素となるものを書き出させていった。立川はペンを握る。

キャッチミス。

パスミス。

シンプルなミスばかりが並んでいた。そして試合中にそうしたミスが起きたとき、自分はどんな反応をしてしまうのか、そうした心配まで聞いてもらった。

荒木は深刻になる風でもなく、逆に質問をしてきた。

「それって、誰でもするミスちゃうの? そんなに大したことないと思うけどな」

立川としては、予測していなかった反応が返ってきた。しかし話しているうちに「自分が

思っているほど、深刻なことじゃないかもしれない」と思うようになっていた。荒木は続けた。

「どんなトッププレーヤーであっても、ミスをする時はするよね」

「たしかにそうです」

「じゃあ、そんなに不安に思うことはないんちゃう？」

荒木はサバサバしていた。そしてふたりで、なぜ、立川はそうした不安を抱えるようになったのかを分析した。その原因は、すべて立川の内面にあった。「不安になっている要素を挙げてみて」と荒木に促され、立川は思いつくことを口に出してみた。

「まず、南アフリカ。やっぱり強いと思いますし、プレッシャーも激しい。それに、エディーさんからのプレッシャーも感じてます。それにファンとか、国民の期待もあると思うんです」

荒木は腑に落ちたという顔をした。

「でも、いま話してくれたようなことって、ひとりで抱え込むことじゃない。チーム全体のものでもあるし、そこまでのプレッシャーを感じる前に、自分で対処すべきことがあると思う」

「自分が出来ることに集中するってことですか？」

「そういうこと」

考え過ぎてたのかな――笑みが浮かびそうになり、ふぅっと、立川の肩から荷が下りていっ

た。

「ありがとうございます。気持ちが軽くなった気がします」

「頑張りや」

荒木はそう言った。

よし、余計なことは考えないようにしよう。自分が出来ることに集中するんだ。立川は久しぶりに前向きな気分になった。すると行動も自然と能動的になり、廣瀬とブライトンの町に出かけることにした。

ふたりで町を散策し、雰囲気の良さそうなカフェに入ることにした。ブライトンは避暑地だけあって、洒落た店が多い。席に着き、立川はコーヒーを頼んだ。廣瀬が立川に声をかける。

「いよいよ、チャンス来たなあ」

「試合になったら、緊張するんですかねえ」

「俺やったら、めっちゃ楽しみやなあ」

と廣瀬は晴れ晴れとした顔をしている。立川は呆気にとられた。世界ランキング三位の南アフリカ戦を前に、緊張せず、恐怖にも負けず、トシさんは試合を楽しめるっていうのか！

「ハル、考えてもみ。素晴らしいスタジアムで、満員の観客がいて、しかも相手は南アフリカやで。これほどラグビー人生で楽しい時間はないやろ。そう思わへんか？」

立川は廣瀬の言葉を聞いた瞬間、鳥肌が立った。たしかにトシさんの言う通りじゃないか。W杯という舞台に立ち、いままで何度も繰り返し分析してきた南アフリカと対戦する。その試合に先発で出られるっていうのに、緊張したりとか、不安に思っている時間が急にもったいないように思えてきた。そして、立川ははじめて「純粋に試合を楽しもう」と思った。

「トシさん、めっちゃ楽しみになってきました」

「そうやろ」

と廣瀬は笑って、コーヒーカップを口に運んだ。

そのあと、あまり言葉は要らなかった。

第六章

ゲーム・デイ

Game Day

南ア戦当日、エディーとリーチマイケルは重要な会話を交わしていた

Tomoki Momozono

二〇一五年九月十九日。ついにゲーム・デイの朝を迎えた。

エディーはいつも通り、早く目を覚ました。天気は悪くない。ベッドサイドのランプをつけ、思いついたことをメモパッドに書き記す習慣をこの日も続けようとした。しかし、今日ばかりはあまり書きつけることもなかった。

準備はすべて、やりきったのだ。

対戦相手の南アフリカのことを考えてみる。

一年前からプランは固まっていた。テーマは「カオス＋α」だ。スプリングボクスはスクラム、ラインアウトのセットピースが強い。単純に考えて、まともにぶつかり合う局面を減らさなければならない。しかし、ラグビーのゲームにどうしてもセットプレーは避けられない。よってスクラムを組んだとしても、マイボールであればすぐにボールを出して走り出す。ペナルティを得てもタッチには蹴り出さず、すぐに仕掛けていく。これはフミ、田中の役割だ。

そして相手は、日本がエリアを問わずアタックを仕掛けてくると予想しているだろう。そこで強烈なタックル、激しいブレイクダウンでボールを奪おうとしてくるはずだ。なぜなら、彼らはディフェンスを愛しているからだ。相手をスマッシュし、痛めつけ、ボールを奪ってから嬉々としてカウンターアタックを敢行する。エディーは〇七年のＷ杯で参謀役としてスプリングボクスを指導した経験があったから、彼らの発想が手に取るように分かった。だが、彼らに

餌なんぞくれてやるものか。相手が蹴ってきたら、五郎丸が蹴り返す。絶対にタッチには出さない。蹴り返してきたら、また蹴り返すまでだ。カオスを生み、相手に疑問を持たせることが肝心だ。そうすれば、勝機が生まれる——。

当初、エディーは南アフリカがメンバーを落とした「Bチーム」で臨んでくると予想していた。しかし、メンバーが発表されると、キープレーヤーとみなしていたスクラムハーフのフーリー・デュプレアこそリザーブだったが、ほとんどが一本目の選手だった。対外的には「ジャパンへのリスペクトを感じます」とコメントしたが、これは南アフリカの焦り以外の何物でもない。

W杯に先立つニュージーランド、オーストラリア、アルゼンチンとの「ザ・ラグビーチャンピオンシップ」で一勝も挙げられず、W杯のセレクションが白人に偏り過ぎているという批判が国内で政治問題化したこともあって、ヘッドコーチのハイネケ・メイヤーは苦境に立たされていた。

しかも、W杯前のウォームアップ・マッチの組み方も、エディーから見れば疑問が残った。南アフリカの最後の試合は八月十五日のアルゼンチン戦で、それ以降は日本戦まで試合が組まれていなかった。日本がジョージアと対戦した時期と同じ二週間前には、北半球のシックス・ネーションズの国々はイングランドがアイルランド、ウェールズがイタリア、フランスがス

コットランドと対戦するなど、強度の高い試合が組まれていた。

おそらく、南アフリカは日本戦をウォームアップ・マッチと捉えているに違いない。耳にした情報では、南アフリカは日本戦の一週間後に行われるサモア戦、そしてそのまた一週間後に予定されているスコットランド戦に向けて焦点を合わせているという話だ。

上等だ。二等国だと思うなら、そう思え。牙をむくのはこちらの方だ。

この日は午前中にバスケットボール・コートを借りてのウォークスルーが行われる予定だった。ラインアウトのサイン、コールなどを丁寧に確認していく作業で、選手たちの状態を確認しよう。

エディーはスタッフとともにコートに向かい、練習の様子を眺めた。

驚いた。雰囲気がいい。これは、いい。

選手たちは笑顔を見せ、リラックスしているが、適度な緊張感と集中力が感じられる。サインプレーのタイミングがいいし、控えの選手たちのムードもいい。

昨日の朝のチーム・ミーティングのときは、緊張感があった。「絶好調！」と選手がおどけても、それを受け止める側に余裕がなかった。キャプテンズ・ランは、この四年間のなかでも最悪といってもいい練習だった。しかし、今日はのびのびとしている。これなら、いいパフォーマンスが期待できるぞ。

「いいじゃないか」とエディーの盟友であるリー・ジョーンズも言う。「昨日の夜、何かポジティブなことがあったんじゃないかな」

「そうかもしれない」、エディーは練習から目を離さず答えた。


前夜は、いつものように全員でチームディナーを取ってから、コーチ陣は参加しないプレーヤーズ・ミーティングが行われた。この夜、W杯はイングランド対フィジーの開幕戦が行われ、いよいよ長きにわたる戦いが始まった。選手たちはトゥイッケナムでのその試合を見て、気持ちが高まった。ミーティングではリーチは左手に小さなノートを持ち、自信を持って話を進めていく。

ラインアウトやキックオフといったセットプレーの最終確認を選手同士でした上で、スパイクを磨く選手はいつものようにして、戦いへの気持ちを高めていく。そして最後に特別な映像が用意されていた。

「日本から映像が届いています。みんなで見ましょう」

トップリーグ全チームからの応援メッセージだった。仕掛けたのは廣瀬俊朗だった。

日本のラグビーの歴史を振り返ってみると、ラグビー界にとって必ずしも日本代表がトップ・プライオリティではない時代があった。ジャパンが一番の存在になるためには、みんなの

憧れの存在にならなくてはならない。そう思って四年間、戦ってきて、結果を残してきた。そしてここにいる選手たちがいま、日本を代表して戦っていることにプライドを感じるためにはぜひともトップリーガーの応援が必要だと廣瀬は考えた。では、W杯を前に具体的にはどんなことをすればいいだろう？　そこで思いついたのが応援メッセージだった。

廣瀬は、慶応義塾大学の後輩で、トップリーグのキャプテン会議代表を務める和田拓《たく》（キヤノン）に制作を依頼した。和田の呼びかけに応じ、トップリーグの全チームからのメッセージが寄せられた。すると、前回のW杯の日本代表主将であり、同じくキヤノンでプレーする菊谷《きくたに》崇《たかし》が喜んで編集などを引き受けてくれた。菊谷も二〇一四年まではエディー・ジャパンの一員であり、荒木香織から見れば、廣瀬と並んで「チームのハート」だった。その菊谷が労を惜しまずに協力してくれたのだ。

選手たちが注視するなか、映像が流れ始めた。それぞれのチームの面々がグラウンドで、「ゴー・ジャパン！」「ジャパン・ウェイ！」など激励の言葉を発する。久しぶりにチームメイトの姿を見て、自然と笑みがこぼれてくる選手もいた。

映像は後半になると様子が違ってきた。だいぶ、応援のスタイルが砕けたものになってきた。

二〇一二年に代表に招集され、「宴会部長」と呼ばれていた坪井秀龍《ひでたつ》（中国電力）は、右手にビール、左手には山盛りのケンタッキーフライドチキンを抱えて登場した。いずれも、代表

選手には〝禁断〟のものばかりだ。坪井の芸は細かく、右手にビールを持っていて恐縮するシーンが収められていた。実は、ラグビーの世界ではすぐに誰とでも握手が出来るよう、右手を空けておくのが礼儀だ。右手でグラスを持つことを「バッファロー」と呼び、ラグビー界では「禁忌」に近く、もしも右手でお酒を飲んでしまったら、左で一気飲みしなければいけない。その由来については様々な説があるのだが、選手たちが酒を酌み交わすアフター・マッチ・ファンクションで、右手で握手をするのに冷えていては失礼に当たるという説が有力だ。坪井は右手でビールを飲んだので、それを見た誰かが即座に「バッファロー！」とツッコミを入れた。すると、その二秒後くらいに坪井自身が、「あ、すみません。バッファローでした」とおどけて一気飲みしている。選手たちに笑いが広がっていく。

クボタからのメッセージが流れると、「あ、ウチだ」と立川は気づいた。クボタの日本人選手が、チームメイトの南アフリカ出身の選手をタックルで倒していた。たぶん、自分は意味が分かるけど、他の代表メンバーには分からないんじゃないかと不安になった。そう思っていたら、「これ、どこのチームだよ？」という声が聞こえてきて、ひとりで恥じ入ってしまった。

神戸製鋼からはプロップの山下裕史《ひろし》へのメッセージがあった。

「ヤンブー、お前スクラムで押されたら神戸に帰ってくるんじゃねえ。てめえ、分かってんだろうな」

荒っぽいメッセージだったが、山下は神戸で頑張っているチームメイトの姿が見られてうれしかった。

また、神戸製鋼のキャプテン、橋本大輝が話している背後で、「ヤマナカ、ダアッシュ！」の掛け声と共に、ついこの間まで一緒に練習に励んでいた山中亮平がダッシュを繰り返していた。一月にNHKで放送された『プロフェッショナル　仕事の流儀』でエディーが取り上げられた際、ヨーロッパ遠征で山中を叱責する姿が流されたが、それを大胆にも取り入れた応援だった。山中が走るのをやめると、「あれ、もう終わり？」とツッコミが入るところでは大きな笑いが起きた。

そしてNECからは、村田毅が登場した。エディーからプレゼントされたピンクのピタピタTシャツを着ていた。エディーは冗談で村田のことをゲイ呼ばわりしていた。そこで普段は着ないようなピンクのTシャツを合宿中にプレゼントしていたのである。村田はそれを着て、カメラの前に立っていた。

「あ、すみません、乳首が見えちゃってますね」

などと、おどけている。

田中史朗は村田からのメッセージを見て、感動すら覚えていた。「コイツはすごい！　村田はすごい！」。もしも、自分が村田の立場だったらどうだっただろう？　こんな形でメッセー

ジを送ることが出来ただろうか。いや、出来ない。最後のウルグアイ戦の前にはホテルで同部屋になり、いろいろな話をしたことを思い出した。日本人の第三列であれだけ身体を張れるヤツはなかなかいない。ありがとう、村田。こんな形で応援してくれるのか——と思い、胸が熱くなった。

当の村田は、変にしんみりしてしまっては、かえってメンバーのムードを悪くしてしまうと考えた。たとえば、「俺の分まで頑張ってください」なんていうのは野暮だ。そんなの、みんな分かってくれている。だったら、みんなが元気になるパフォーマンスをしよう。そこで、エディーからもらったTシャツを着ることにしたのだった。

五郎丸歩はこの映像を見て、この四年間で日本のラグビーがいちばん変わったこと、それはトップリーグや大学でプレーする選手たちがジャパンに憧れるようになったことだよな、と改めて感じ入った。そのカルチャーを作ったのはエディーであり、俺たちなんだとプライドが湧いてきた。

そうだ、俺たちは日本の代表なんだ。みんなが応援してくれている。そしてこの場で、全員で笑って、またチームがひとつになった。廣瀬のファインプレーであり、和田、菊谷、そしてトップリーグのチーム、メンバーのおかげだった。

こうして九月十八日の夜は更け、選手たちの緊張感がいい形で解放され、翌朝のウォークス

ルーを迎えていたのだった。

ウォークスルーが終わってからは、時間が空く。エディーはカフェが好きだ。世界のどこでも雰囲気の良さそうなカフェに立ち寄り、好きな物を飲みながら、パソコンで仕事を片付けたり、話をしたりする。この日は、通訳の佐藤秀典とリーチを誘ってカフェに出掛けた。

エディーは普段からコーヒーは飲まないので、スムージーを注文した。リーチは東芝のグラウンド近くに「+64」というニュージーランド・スタイルのカフェをオープンしているほどのコーヒー好きだが、試合当日に限っては、カフェインをあまり摂らないことにしていた。メニューを眺めてから、デトックス・ジュース、野菜のジュースを頼んだ。

リーチはこれまで毎日、エディーと話をしてきた。緊張感のあるミーティングもあったし、建設的なこともあれば、感情に流される話し合いもあった。しかし、ゲーム・デイのこの日のテーブルには穏やかな時間が流れていた。いつものテストマッチと変わらず、いや、それよりもエディーはリラックスしているかもしれない。ドリンクが運ばれてきて、お互い飲みものを口に含んでから、エディーが話し出した。

「自分の感覚に従うんだ」

確信に満ちた表情だった。しかも、いつもの早口ではなく、少しだけゆったりしている。

「もしもゴール前に攻め込んで、トライを狙いに行けると思ったら、ＦＷで攻めてもいいぞ。自分が感じたままに、自分のハートに従えばいい」

リーチもシンプルに答える。

「分かりました」

エディーがそう話すからには、自分たち、特にＦＷが積み上げてきたものに自信を持っているのだろう。相手ゴール前でのラインアウト。あるいは、スクラムだろうか。リーチはゲームの流れを感じながら、自分、そして仲間の感覚を信じようと思った。

Ｗ杯において、試合当日には両軍が守るべき細かい決めごとがたくさんある。

まず、両チームはスタジアムに指定された時間に到着しなければならない。この日の場合、キックオフの時間は午後四時四十五分だった。南アフリカは八十分前の午後三時二十五分に着くように定められ、日本はさらに早く、九十分前の午後三時十五分にスタジアムに到着するように求められていた。

なぜ、時間をずらすのかといえば、同時に到着してしまっては混乱の元になってしまうからだ。そこでティアⅠの強豪国の方が優遇され、入り時間は遅い。逆に格下のティアⅡの日本は早く入らなければならないのだ。「ＪＲ」こと総務担当の大村武則は、スタジアムまでのバス

を、何時何分にホテルから出発させるかを決める役割も担っていた。

この四年間、エディーは移動時間については極めてシビアだった。たとえば、大村が「ホテルから十五分でスタジアムに到着します」とエディーに事前に伝えていたとして、もしも、二分でも三分でも前後に到着がずれ、それで試合に負けようものなら、エディーは烈火のごとく怒る。怒りが収まらなければ口だけに留まらず、「あなたのせいで予定が狂いました。選手の集中力が欠けたのは、あなたのせいです」といったメールが送られてくることもあった。だから、W杯という檜舞台では、細心の注意を払って計画しなければならなかった。

大村はイングランドに入ってから、バスで一度、乗用車で二度、ホテルから会場まで試走させた。実際のシミュレーションをしてみなければ、エディーを納得させることはできないからだ。その結果、綿密な輸送計画が出来上がった。

まず、先導のバイクを二分先に出してもらい、途中、渋滞が予想されるランナバウト（英国式のロータリー型の交差点）では、他の車両を通行止めにしてもらった上に、特定のレーンをジャパンのバス専用に空けてもらう。

実験の結果、大村は最速であれば十七分で会場に到着できると判断した。数日前には、エスコートを務める地元警察と、組織委員会のリエゾン（連絡担当）と食事を共にして意思疎通を図っていた。

「『飲みニケーション』は世界の共通語やな」と大村は感じ入った。

あらゆるシナリオを想定し、エディーには「二十五分以内で到着します」と報告した。三時十五分に到着すればいいのだから、午後二時五十分にホテルを出れば十分だろう。間違いない。

大村が計画を練ってから、W杯組織委員会から通達があった。ブライトンはW杯の初戦ということもあり、渋滞が予想され、想定外のことが起きる可能性もある。ついては、両軍とも早めにホテルを出発するように——。大村にしてみれば、あれだけ試走を繰り返したのだから、想定外のことが起きるとは考えにくい。大丈夫。組織委員会の言うことは無視すればいい。選手たちは二時半過ぎにロビーに集まってもらえれば大丈夫だ。

宿泊先のヒルトン・ホテルには、選手たちを見送ろうと日本人が集まっていた。求めに応じ、大野均はファンの男性と一緒に写真を撮ったりしている。大一番を前にした緊張感はなく、みんな、いい状態で試合当日を迎えている。声援に送られ、選手たちがバスに乗り込むと、大村は二台あるバスのうち、先を走る一号車に乗り、ドライバーとコミュニケーションを取れるシートに座った。

出発。バスがゆっくりと動き出した。午後二時五十分。ぴったりの時間だ。ハプニングが起きる要素は慎重に排してある。

最初、バスのラップタイムは順調だったが、沿道には想像以上のファンが詰めかけている。選手たちは慣れているが、これに反応してしまったのがドライバーだった。大村は横目でちらりとドライバーの顔を見た。

少し、興奮気味だな。

そのせいで、ちょっとばかりアクセルを吹かし過ぎているのかもしれない。大村はにこやかに「ドライブ・スローリー」と言いつつ、手で抑えるジェスチャーをした。それでドライバーも安心したのか、試走通りのペースに戻った。大村は、深く息を吐いた。

いよいよ、スタジアムが見えてきた。ものすごい人が集まっている。この日のために、すべてはあった。

バスが誘導され、選手の入口近くまで誘導される。バスが止まる。大村は時計を見た。ホテルから二十二分で到着していた。エディーは何も言わなかった。

選手がスタジアムに入り、大村が荷物を下ろして会場に入ろうとすると、十分後に、南アフリカのバスが到着した。こちらも大歓声に迎えられている。しかし、バスから出てきたコーチ陣はピリピリし、選手たちはイライラしていたり、あくびをしている者さえいた。様子がおかしい。

南アフリカは、スタジアムから渋滞がない状態で走って四十五分から五十分の場所にある高

級ホテルに投宿していた。エディーは無駄を好まないので、絶対に三十分以内のホテルにしなければならない。しかし、南アフリカは快適性を重視していた。

そして組織委員会からの「早めに出るように」という通達に対し、南アフリカは素直に従ってしまった。彼らは午後二時にホテルを出発していたのだ。日本よりも、ずいぶんと早い。早めに出たまではよかったが、渋滞がなく、すいすいとバスは走った。南アフリカのバスは、午後二時四十五分頃にスタジアムに到着していた。日本はまだホテルを出発してさえいない。早く到着しても、スタジアムの中には入ることができない。それがルールだからだ。結局、スプリングボクスの選手たちを乗せたバスは、四十分近くもスタジアムの周囲をぐるぐると回らざるを得なかったのだ。

大村は確信した。

「これなら行ける！　何か世界を驚かせるようなことが起きる！」

勝てるとは思わなかった。しかし、この状態ならば七点差以内での敗戦など、勝ち点を獲得して、日本は世界から賞賛を浴びるに違いない。

フランス語通訳の福本美由紀はこのスタジアムの、このピッチの上に立てたことが本当にうれしかった。地獄のような六月の日々、ホテルに閉じ込められ、「本当にW杯はやってくるん

だろうか？」と考え込んでしまうほど、時の経つのが遅かった。選手たちは、頑張った。そしてようやく、今日、本番を迎える。ロックの真壁伸弥がピッチに入り、芝を手で触っていた。「やっと、ここに来れたね」と福本は声をかけた。真壁は笑顔で「はい。やっと」と答えてくれた。

みんな、この四年間のことを振り返りながら、ピッチの感触を確かめていた。

キックオフは、あと一時間ほどに迫っている。チームディレクターの稲垣純一は、大きく深呼吸をした。芝の匂いがする。耳を澄ませば、観客たちの声が聞こえてくる。

長かった。トラブルもあった。しかし、エディーさんを代表のヘッドコーチに呼んだのは間違いなかった。エディーさんは日本のラグビーを変えてくれた。きっと、今日も何かをやってくれるだろう――。そのとき、ピッチにいる南アフリカの選手たちが目に入ってきた。黄色い縁取りがしてある緑のジャケットを着ている。二十三人のメンバーから外れた選手たちだ。彼らとスタッフが集合して、にこやかに記念撮影をしているではないか。

「なめんなよ」

稲垣の闘争心に火がついた。ヤツらには緊張感のかけらもない。そして、こう思った。

もしかして、いけるかもしれない。こいつらは日本を完全になめてやがる。

日本は本当に南アフリカを倒すことしか考えていなかった。四日後に対戦するスコットラン

ドの「ス」の字も、エディーを始め、選手たちからも聞いたことはなかった。

乾坤一擲《けんこんいってき》。日本はその言葉にふさわしい状態を整えていた。試合前の舞台裏で、情熱と執念の差が浮き彫りになっていた。

ロッカールームに戻ると、選手たちが粛々と準備を進めていく。試合開始の六十分ほど前になって、レフェリーのジェローム・ガルセス氏がブーツ・チェックでロッカーに入ってきた。選手たちのスパイクのポイントを確認するのだ。

選手たちは、ガルセス氏とは面識があった。八月二十二日に福岡で行われたウルグアイ戦のときに、笛を吹いてもらっていたからだ。

これもエディーのW杯戦略の一環で、南アフリカ戦まで一カ月を切った時点で、ガルセス氏に笛を吹いてもらい、特にスクラムでの基準を明確にしておこうとしたのだ。実は、二年前に菅平で行われたスタッフ・ミーティングで、エディーは「南アフリカ戦の担当レフェリーに、本番直前の試合を実際に吹いてもらう」ことをプロジェクトのひとつとして計画し、それを実現させた。これもエディーの「マスター・プラン」の一部だった。実際、ウルグアイ戦では姿勢の基準などを確認することが出来たので、本番では精神的に余裕をもって対応出来ると踏んでいた。当然のことながら、南アフリカに対するアドバンテージにもなり得る。これも、エディーの人脈、周到な働きかけがあったからに他ならない。

ガルセス氏はひと通りチェックを終えると、福本の姿を目に留めた。すると、笑顔を浮かべ日本語で話しかけてきた。

「元気です……か？」

福本はそのひと言を聞いて、うれしくなった。ウルグアイ戦の時、福本はガルセス氏と話す機会があり、日本語での挨拶を教えていた。相手の機嫌を尋ねるときには、「元気です」に加えて、「か？」をつければ疑問文になるんですよ、と。

彼はその会話を覚えていて、しかも自分に向けてその言葉を発してくれたのだ。福本はガルセス氏のことを、人として尊敬できると即座に思った。W杯初戦の前というレフェリーとしても緊張が高まっている状況で、仕事であるラグビーのことだけでなく、きちんと社交をこなせる。これがレフェリーの理想型かもしれないと思った。コミュニケーションがラグビーを成立させる根幹にあるのだ。そして福本は心の中で願った。

「お願い。お願いだから、スクラムはフェアに判断して……」

刻一刻とキックオフの時間が迫ってくる。

小野はロッカールームにいること自体が好きだった。そこは、人間のありのままの姿が出る場所だ。ヘッドフォンで音楽を聴き、外界を遮断する選手もいる。ひとり頭を下げ、集中して

いる選手もいる。淡々とサインの確認をする者もいる。そのなかで田中史朗は、バスルームでいつものルーティーンをこなしている。胃の中のものを、すべて吐き出そうとしているのだ。田中自身もそのルーティーンをいつから始めたかは覚えていない。たしか、京都産業大学時代か、社会人になってすぐのどちらかだ。まず、試合の前夜に牛乳をたんまり飲む。量にして五百から八百ミリリットル。決してお腹は丈夫な方ではないから、夜中の三時か四時くらいになると、一度、便が出る。それから寝て起きると、もう一度トイレに行く。全部出てしまえば、気持ちも身体も軽くなったように感じるのだ。

試合当日は、緊張からあまり食事も喉を通らなくなるが、試合前になると緊張が昂じてきて、嗚咽というか、胃が裏返ってしまう。

トイレに行っているときは、しんどい。でも、全部出しきってしまえば、「おっしゃ、試合だ！」という臨戦態勢になる。この習慣はスーパーラグビー、ハイランダーズでプレーしているときも同じだ。パナソニックでは、新人がトイレで喘いでいる田中を心配そうにしているのを、先輩たちが見て笑うのが慣例になっている。この日も田中は、すべてのものを出し尽くし万全の態勢で試合に臨む準備が出来た。

全員が身支度を整えた。戦いの前、エディーの最後のスピーチが始まる。

エディーは泣いた。

「歴史を変えるんだ。歴史を変えるチャンスは一度だけだ」

四年間、エディーがずっと繰り返し言ってきたことだ。その言葉を現実のものとする準備は、出来ている。

エディーの傍で仕事をしてきた大村は思った。

ボスが泣くときは、悲しい時やうれしい時じゃない。いまみたいに、感情が制御できなくなると泣いてしまう。どれだけ、気持ちが昂《たかぶ》っているんだろう……。

そしてエディーはそれぞれの家族のことに触れ、日本という国を誇りに思って欲しいと話した。

マイケル・ブロードハーストは、エディーが泣くところを初めて見て驚いてしまった。テストマッチのロッカールームでは、ラグビーの戦術のことを最終確認するのがエディーのスタイルだった。ラグビー以外のことを話すのを聞いたのは、これが最初だった。いつもとは違うヘッドコーチがそこにいた。

そしてエディーは感情に任せるまま、選手たちを鼓舞した。

「南アフリカを殺しに行くぞ」

時が経つにつれ、スタジアムは騒然としてきた。日本の面々はピッチでのアップを終える

と、リーチを先頭にして、それぞれの肩に手を回し、一体となってロッカールームへと引き上げた。四年前のニュージーランド大会では、こんなことはなかった。皆がバラバラにピッチを去っていったが、このチームではみんなと一緒にいるのが自然だった。

リーチは試合前のコイントスをするべく、敵軍の主将、ジャン・デビリアスと相対した。ひょっとしてカメラを意識していたのか、デビリアスは笑顔を浮かべていた。余裕があるのか、それともナメているのか——。

コイントスはデビリアスが勝ち、キックを取った。リーチは正面スタンドから見て左から右に攻めるサイドを選んだ。

そして、いよいよ勝負のときがやってきた。

大きな歓声に包まれてピッチに入場する。チームを先導するマスコットキッズがピッチに入るとき、ぺこりとお辞儀をした。いかにも日本の子どもらしかった。

ピッチの左側に陣取り、仲間とともに肩を組む。はじめに南アフリカ国歌が流れた。リーチは南アフリカの国歌が好きだった。苦難の、暗黒の歴史を持つ国の荘重な調べ。深呼吸をしながら聴いた。それから君が代が流れた。エディー・ジャパンがスタートしたとき、みんなで歌の練習をした。あそこから、すべてが始まったのだ。

五郎丸歩が、畠山健介が、田村優が泣いていた。

四年の歳月は、この日のためにあった。

やり残したことはなかった。

ひとつも、なかった。

歌い終えると、リーチは大きく息を吐き出した。相手を殺すつもりで戦わなければ、こちらがやられる。自分のために、仲間のためにも容赦はしない。

南アフリカのキックオフで試合が始まる。ＦＷ陣が隊形を敷き、主審のジェローム・ガルセス氏の笛が鳴るのを待つ。

笛が鳴ると、大歓声がわき起こった。

日本の左サイドへのキック、ＦＷ陣がボールの確保に失敗し、早くもスプリングボクスにサイドをえぐられる。それから、右サイドへと大きくボールを振られるが、開始から45秒、センターのマレ・サウが相手ボールを奪った。そこからジャパンは果敢に左に展開する。堀江翔太が、松島幸太朗が躍動した。

コーチボックスのエディーは、マレ・サウがボールを奪ったその瞬間、感極まり涙ぐんだ。自分の息子たちが、巨人を相手に雄々しく戦っているではないか！

キックオフから一時間五十七分後、世界が変わると知る者は、まだ誰もいなかった。

第七章

ドリームズ・カム・トゥルー

Dreams Come True

2015年9月19日、日本は世界に衝撃を与えた

AFLO

スタジアムの大きなビジョンに、日本代表のジャージを着て、泣いている男性が映っていた。何度も、何度も。

「このおっちゃん、ずっと、泣いてんねんな」

スクラムハーフの田中史朗は、ビジョンを見上げながら思っていた。

日本が得点するたびにその男性が映し出される。その男性が涙で顔をくしゃくしゃにしているのを見ては、田中は自分に対して「落ちつけ、落ちつけ」と言い聞かせていた。自分が周りと同じ波長になってしまってはダメだ。FWの選手たちは絶対に興奮している。こういうときは、頑張りすぎでミスする場合が出る。宥《なだ》めながら、最後までプレーすれば、この試合、きっと勝てる。南アフリカに、スプリングボクスに！

試合は、五郎丸歩のペナルティゴールで日本が先制すると、南アフリカがトライで逆転する。しかし、前半29分にラインアウトからのモールでリーチマイケルがトライをすると、スタジアムが揺れた。コーチボックスではエディーが興奮して立ち上がっていた。五郎丸のコンバージョンも決まって10対7となる。

日本がスプリングボクスからモールでトライ？　世界が驚いた。しかし、何より動揺していたのはスプリングボクスの面々だっただろう。

しかしリードは長くは続かなかった。自陣に蹴り込まれたボールを処理し損ねた日本が反則

を犯すと、南アフリカはラインアウトモールからトライを奪い、再逆転する。前半を終えて10対12の僅差だ。戦前の予想を裏切って、日本が南アフリカを射程圏内に捉えている。

ハーフタイムのロッカールームで、エディーは再び檄を飛ばした。

「相手は焦っている。大丈夫。これなら勝てるぞ！」

通訳の佐藤秀典は、戦争中、現場で指揮を執る将軍はエディーのようだったんだろうなと思った。選手は自信を深めている。前半から勝てる感触をつかんでいるようだ。

試合が始まって早々、五郎丸はウィングの山田章仁と「これ、勝てるな」と話し合っていた。思ったよりもスピードを感じなかったし、特にFWがブレイクダウンでも五分以上に渡り合っている。マレ・サウ、ブロードハーストをはじめとしたメンバーが、ターンオーバーを奪っている。

田中の感触も同じだった。FWがしっかりとデカいFW相手に体を当てている。しかもFWとBKのジョイントも機能しているし、BKのアタックではセンターの立川理道が相手スタンドオフに効果的なクラッシュを繰り返している。対して、南アフリカは前半のはじめの方から疲れた素振りを見せていたし、スピードも感じない。

ぜんぜん、フィットしてないじゃないか。連中で怖いのは、大きな体を生かした一発のトライだけだ。

後半開始早々の2分、五郎丸がPGを決める。13対12。一歩、前へ出る。幸先のいい後半のスタートだ。

しかし、キックの蹴り合いの中からカウンターアタックを喰らい、南アフリカの身長2メートルを超える巨漢ロック、デヤーヘルに突破され、すぐにトライを奪われてしまう。ノーホイッスル・トライだ。13対19。この時はタックルのミス。ミスが出ると、どうしても簡単にトライを取られてしまう。それでも8分、12分と五郎丸が冷静にキックを入れ、同点まで巻き返す。16分は南アフリカ、19分には五郎丸がペナルティゴールを決め、両軍とも一歩も譲らない。

このあたりから、場内のビジョンに泣きながら応援する男性が再三、映し出されるようになっていた。

後半21分に田中が仰向けに吹っ飛ばされる。途中交代で入った巨漢、アドリアン・ストラウスに真正面からぶつかられ、電車道でトライを奪われた。体重112キロのストラウスと、71キロの田中が正面衝突してしまっては田中に勝ち目はなかった。この日、ダブルタックルで対抗してきたジャパンだったが、ストラウスの前にぽっかりと道が空いてしまい、田中が単独でタックルに入らざるを得なくなったのだ。

トライを奪われた後、田中は「アイツは俺が小さすぎて、気づいてなかったんちゃうか？」

と思ったほどだ。本当に視界に入っていなかったのかもしれない。どんな選手でも、いつもだったらコンタクトの瞬間にスピードを少し緩めてくるものだ。ところが、このときばかりは、ストラウスはスピード全開のまま突っ込んできた。もしも、スピードが鈍っていれば、きっとトンプソンルークあたりがサポートに入ってくれたはずだったが、自分のタックルスキルが不足していた。

このトライとゴールで22対29。突き放された。これまでのテストマッチでも、後半20分までは食らいついていったことは何度もあった。ここからが日本の真価が問われる場面である。トライを奪われてから5分後、田中は日和佐篤と交代した。あとは、祈るだけだった。

それでも日本は攻勢に出る。

後半28分、日本は自陣10メートル付近でペナルティをもらった。五郎丸が左サイドに大きなタッチを蹴る。まさに、ワールドクラスの飛距離だ。

ペナルティをもらってから、センターの立川とスタンドオフの小野晃征はどんなアタックを仕掛けるべきなのか話し合っていた。

それまで立川は、相手の10番パット・ランビー目がけてクラッシュを繰り返していた。事前の分析で、そこに弱点があるというのが見立てだったからだ。実際、181センチ、94キロの

立川が177センチ、89キロのランビーと体をぶつけると、その接点で「ぐいっ」と押し込んでいた。戦略は功を奏しつつあった。

立川が寄っていくと、小野は何やら考え込んでいるように見えた。ひょっとしたら、また自分が相手のスタンドオフ目がけてクラッシュすることを考えているのかもしれない。そう思った。

「もう、そのサイン要らないです。もう、僕はコミットされますよ」

コミットとは、相手がマークしてくることだ。すると、小野が言った。

「じゃあ、五郎さんのキックでタッチに出して、ラインアウトは七人。ムーブは『府中12内《うち》』でいこう」

府中12内。そのサインプレーを出すのには、理由があった。

前半から立川はとにかく体を張って、相手にぶつかってきた。後半17分の段階で、南アフリカはスクラムハーフを小野とサントリーでハーフ団を組むフーリー・デュプレアに、スタンドオフをハンドレ・ポラードに交代させていた。

そのコンビに替わってから、日本の一発目のアタックで小野は同じサインを出した。自分から立川にパスを出し、ポラードにクラッシュさせたのだ。しかし、ポラードの方がランビーよりもタフだった。

これは、もうひとつ外を攻めた方がいいかもしれない。

そうすると、出すべきサインは「府中12内」しかなかった。

このサインプレーは、スクラムハーフからインサイドセンターへとパスを出し、センターの外に回ったスタンドオフにパスを渡し、そこにタイミングよく内側に切れ込んできたウィングへと、スタンドオフがパスを出す。

横、横と開き、相手の広がったスペースに鋭くナイフを刺す。そんなイメージだ。

このサイン名には、ジャパンのサインではスクラムハーフのことを「府中」と呼ぶので（語源はどの選手に聞いても謎のまま）、府中からセンターの「12」番へのパスという意味が隠されている。そしてスタンドオフを経由して内にリターンパスを出すので、府中12内という名前になった。

このサインプレーの採用を強く主張したのは、コーチング・コーディネーターを務める沢木敬介だ。

「府中12内」が成功するためには、「シナリオ」が必要だった。それまで立川がずっと10番のランビーに対してプレッシャーをかける。立川は比較的FWに接近した場所でのクラッシュを試み続けた上で、試合も終盤を迎えてから外へのオプションを仕掛ける。すると、外に気を取られた南アフリカのディフェンスの内側に、松島がブレイク出来るスペースが生まれるという

設計だ。

　もともとは「ザ・ラグビーチャンピオンシップ」でワラビーズが南アフリカに対して、同じような発想でトライを取っていたことからアイデアを膨らませた。

　しかしこのムーブに関しては、イングランドに入ってからも沢木とエディーの間に対立があった。沢木は主張した。

「ワラビーズがやったように、絶対に南アフリカのディフェンスは内側が空きますよ。ここで松島を内側に入れれば抜けますって」

　エディーは唸りながら、首を振る。

「いやあ、違う。違うな。スプリングボクスもバカじゃない。対策を練ってくるだろう。ここは松島を内じゃなく、外に入れた方がブレイク出来る」

　沢木はサントリー時代からエディーと付き合いがあるので、エディーと議論してもまったく臆することはない。実際、イングランドに入ってからもサインプレーのことで言い合いになり、「そのサインプレーは、あなたが言っていることとは違うアイデアじゃないですか」と反論すると、「なんだ、お前は。もう来なくていい」と言われ、一日だけ練習に参加しないことがあった。その日、沢木はホテルの部屋で過ごすことになってしまったが、ミーティングの場でも沢木は引かなかった。

「違いますって。南アフリカのディフェンスの傾向として、このエリアが絶対に空きますから」

エディーは唸る。

「ううぅーむ」

結論はなかなか出なかったが、最終的にエディーは「分かった。それでいこう」と了解した。

府中12内のコールを受け、ラインアウトでトンプソンルークがサインを決める。この直前、南アフリカはルードベイク・デヤーヘルに替わり、203センチ、117キロのエベン・エッベスを入れていた。選手交代の間、弛緩した空気が流れる。エッベスが入って間もなく、堀江翔太は間髪入れずにボールをスローした。

トンプソンがクリーンキャッチ、すぐに日和佐へとボールを配給する。日和佐は視線を右に移し、小野と立川が定められた動きをしているのを視界に捉える。ボールを送る相手は、あくまで立川だ。ピンポイントのパスが立川に通る。小野はすぐ外に走りこみ、立川と小野の間に松島幸太朗が走り込もうとしている。

立川は正面を向いてボールを受け取ると、相手スタンドオフのポラード目がけて一歩、二歩

と走り込む。これまでと同じプレーと見せかけるためだ。そして相手を十分に引き付けてから、右後方から走り込んできた小野にパスを出した。この時点で、相手のデビリアスとジェシー・クリエルのふたりのセンターは小野をマークしていた。小野が完璧にふたりを引き付けていた。視線は小野に釘付けだ。そこに左から松島が最高のタイミングで、トップスピードで走り込んできた。

松島が走る先にはひとり分が走れるスペース——ラグビーでは大きな空間だ——が空いていた。立川がポラードを潰していただけでなく、実は、小野がパスを受けるタイミングでマレ・サウが走り込んでいたため、これを無視出来なかった相手FW陣もバックアップに行くスペースがなくなっていた。

小野は受け取ってすぐに松島にパスを出した。そのスピードは、まるでピンボールマシンのようだ。

松島は右前方に疾走した。

ナイフが相手の内側を抉《えぐ》った。

抜けたのだ。

このプレーが動き出す前、松島はサインが出てからボールをもらうコースをイメージしていた。完璧なラインアウトからボールが動き出し、立川と小野の間隔をめがけてギアを上げる。

ボールをもらう0コンマ数秒前、松島の視界にスペースが見えた。

空いている！

がら空きだった。松島は軽やかに南アフリカ・ディフェンスの裏に飛び出した。すでに相手の左ウィングの裏に出ており、防御に残っている選手はフルバックしかいない。フルバックがどうディフェンスしたらいいのか逡巡しているのを確認してから、外にパスを出した。そこには五郎丸が走り込んでいるはずだった。南アフリカのフルバックは、誰にタックルをすることも出来なかった。

五郎丸はタイミングを見計らい、ライン目がけて走った。

フルバックのライン参加はリスクを伴う。勇気が必要だ。もしも、アタックの最中にミスが起きたとしたら、自陣には誰も残っていない。仲間を信じて上がるしかないのだ。五郎丸はグッと加速し、自分にパスが来るのを待った。日和佐、立川、小野、そして松島が抜けてきた！　松島の優しいパスが自分の手に収まる。前方に南アフリカの選手は誰もいない、このボールを、この楕円球をゴールまで運ぶんだ。

その後方では、パスを出した松島が右手を上げ、五郎丸がインゴールに入る前からガッツポーズをしていた。

五郎丸はボールを両手に抱え、激しく、しかし大切にトライをした。すぐにウィングの山田

が来た。松島が、サウが、立川が、仲間たちみんながやって来た。W杯という檜舞台で、こんな最高のトライが決められるとは。

五郎丸を祝福したあと、立川はすぐに小野と喜びを分かち合いたかった。自分たちの判断が、これほど美しいトライを生むとは思わなかった。ところが、小野の姿が見当たらない。てっきり、小野はフォローに回っているから自分の前を走っていると思っていたら、いない。ピッチを振り返ってみると、小野は苦しみながら倒れていた。

パスを出した瞬間、強烈なタックルを食らっていたのだ。

ああ、いたいた！　立川は小野に走り寄り、どうにか起き上がった小野とハイファイブをして歓喜に浸った。

「完璧だったな」

笑顔がこぼれた。

ムーブの最中、相手の指がジャパンの選手に触れることもなかった。トライを取った五郎丸の外には、さらに山田が一枚残っていた。

全員が完璧な動きとパスを放ったからに他ならない。それだけではなく、囮《おとり》としての役割を担った13番のマレ・サウも完璧だった。サウがものすごい勢いで走り込んできたことで、内側

からディフェンスに来ていた選手たちを無力化していた。

コーチボックスも大騒ぎになった。

府中12内を推進した沢木は、ドヤ顔をしながら、「俺の勝ちですね」と言わんばかりにコーチボックスにいるエディーの方を振り返った。

沢木でさえ、府中12内が練習でもこれほどうまく決まったのを見たことがなかった。この瞬間、改めて「練習をうまくやる必要はない」ことを再確認した。チーム内の練習であれば、どんなサインプレーが用意されているか相手も分かっている。すると、対策も立てやすいから、仕掛ける方はうまくいかない。しかし、コミュニケーションをうまく図り、メンバーの呼吸を整えておけば、試合では一発で決まることがあるのだ。

沢木にドヤ顔をされたエディーは、むしろ喜びを抑えていた。

獲物を仕留める匂いを嗅ぎつけたのだ。

あと10分とちょっと。どうする？　ドロー、引き分けの可能性もある……。

五郎丸は仲間との祝福のあと、決して簡単な位置からではないコンバージョンを狙った。荒木とともに開発したルーティーンに入る。雑音、そして自分がトライしたことさえ想念から払いのけなければならない。

手を合わせる。走り出す。ボールを見つめる。蹴る。キックの音が心地よい。スイートスポットだ。

自分の後ろのファンから大歓声が上がり、五郎丸は自陣へと戻った。

後半29分、29対29。

番狂わせの予感が漂い始めた。スタジアム全体がえも言われぬ空気になっていく。廣瀬俊朗をはじめとしたノンメンバーたちは、スタンドの上方で試合を見ていたのだが、廣瀬がそわそわし出した。

「これ、下に行こうよ」

みんなでスタンドを下りて行き、ピッチレベルで応援しようと言い出したのだ。チームディレクターの稲垣純一は、「たぶん、それはダメだろうな」と咄嗟に思った。ルールで決まっているはずだ。他のメンバーはスタンドで試合を見なければならない。ところが、みんなその気になっている。「行こう、行こう」と廣瀬の熱に煽られ、階段を下り始めた。稲垣もそれに続いていく。

本来ならば、スタジアムの警備員はジャパンのメンバーを押しとどめ、「席に戻ってください」と言うのが仕事だろう。しかし、大健闘を見せるジャパンの選手、そしてスタッフを見て、

「どうぞ、どうぞ、早く行きなさいよ！」

と後押ししてくれる始末だ。

会場全体が日本の応援に回っていた。

こうしてノンメンバーたちはゾロゾロと下りて行き、交代を待つ選手や、既にプレーを終えたメンバーと一緒に、ピッチサイドで声援を送ることになったのだった。

同点に追いついたジャパンだったが、どうしてもキックオフでミスが出てしまう。自陣右奥に蹴られたボールを途中出場のアマナキ・レレイ・マフィがキャッチして突進するが、ノックオンを犯してしまう。

その後のスクラムで、南アフリカはスタンドオフのポラードが日本のディフェンス・ラインの裏に出て、ゴール正面でラックが形成された。レフェリーのガルセス氏はそこで日本の反則を取り、南アフリカにペナルティが与えられた。

すでにこの時点でフッカーの堀江翔太は木津武士と交代していたが、てっきり南アフリカはラインアウトからのモールで息の根を止めにくるはずだと思っていた。ところが――。主将のデビリアスはショットを選択したではないか。

あれ、弱気になってんのかな。

堀江はそう思った。南アフリカのスタイルからすれば、ここは嵩にかかって攻めてくるはずだ。ところが、ショットの3点でリードを奪いに来ている。帝京大時代も、パナソニックでも主将を務める堀江は、その気持ちもよく分かった。とりあえず、リードした形で試合を進めたくなるのだ。優位と思われたチームが、守勢に回ったときの典型的なパターンだ。まだ、いける。堀江はそう予感した。

ジャパン最後の反撃は、自陣10メートル付近からの立川の突進で始まった。

前半から何度も突進を繰り返した立川の右目の視界は、その三分の一ほどしか見えない状態になっていた。七月十八日、パシフィック・ネーションズカップでカナダと対戦したとき、相手の指が右目に入り、それ以来視野が狭くなっていたのだ。しかし、W杯までは戦線を離脱するわけにはいかない。後に、それは網膜剝離だったことが分かるのだが、この日も気にせずにプレーを続けるしかなかった。

後半35分、南アフリカはマイボールからのスクラムで日本から強烈なプレッシャーを受け、ようやくボールを確保しハイパントを蹴ってきた。そのハイボールを後にパナソニックでプレーする長身のJP・ピーターセンがキャッチする。そのポイントを拠点にしてスクラムハーフのデュプレアがキックを蹴ってきた。南アフリカは必死に陣地を進めようとしたのだ。ボー

ルは日本の22メートルライン付近まで飛んだ。

実は、一連の流れのなかで日本にはピンチがあった。まず、ピーターセンに奪われたハイパントは本来、日本がキープするべきボールだった。バックスはアタックを仕掛けるつもりでいたが、急遽、マインドをディフェンスに切り替えなければならなかった。しかもデュプレアに後方、嫌らしいところにボールを蹴られ、帰陣する必要に迫られた。

試合も終盤を迎え、フィットネスも限界に近く、気持ちが萎えてもおかしくなかった。しかし、これこそエディーがずっと練習してきたことと同じだった。ここで蹴り返しても相手ボールになってしまう。アタックだ。攻めるんだ。

デジャ・ヴ。

宮崎で見た光景と一緒だった。何度も、何度も、エディーの笛に合わせてこんな練習を繰り返してきた。アタックしては、戻る。戻っては蹴り返さずに、走る、走る、とにかく走る。

五郎丸がボールをキープすると、山田へと大きく展開する。さらに立川が一気に南アフリカのディフェンスを切り裂き、敵陣に突入した。タックルされても、とにかく前進する。その後、トンプソン、マフィ、真壁、リーチらFW陣が縦突進を繰り返し、立川がボールを持ったときに相手の22メートルラインを突破した。残るラインは、あとひとつだけだ。マレ・サウがボールを持ったあと、自然発生的に「ジャパン！　ジャパン！」コールが湧き上がった。日本

の怒濤の攻めは十九次攻撃まで続くと、左コーナーフラッグ付近まで攻め込み、アンプレアブル、プレーが進まない状態になった。相手プロップ、ウェストハイゼンが倒れ込み、ボールが出るのを阻害したのだ。このプレーにペナルティが与えられただけでなく、ガルセス氏は悪質な反則と見なしてイエローカードを示した。シンビン（10分間の一時退場）だ。

南アフリカのFWはひとり足りない状態になったのだ。

リーチは思った。

「なんだ、練習と同じじゃないか」

時計の針は80分を目の前にしていた。29対32、3点のビハインド。ペナルティゴールで同点を狙う選択肢もあった。しかし、リーチはタッチに蹴り出してモールからのトライを狙いにいった。

エディーは激怒した。

「なぜ、トライを狙いにいく？　ここは3点だろうが！」

エディーは付けていた無線機を投げ、壊した。分析担当の中島正太はこういうこともあろうかと、予備の無線機を準備していたが、すでに付けるような余裕はエディーにはない。

日本はモールを押し込んだ。

バックスの選手までが参加してゴールラインになだれ込むと、TMO、映像によるトライ判

定になった。しかし、トライになる確たる証拠は見つからない。ゴール前スクラムになった。ところが、ウェストハイゼンがシンビンになったことで、ヤニー・デュプレッシーが替わりに入ってきた。ラグビーのルールで、フロントローがシンビンで欠けた場合は、替わりの選手が入って安全性を担保すると決められているからだ。

「これはまずい」と中島は直感した。シンビンによって相手のFWは七人になっている。たしかに日本は有利だ。ところが、日本のフロントローはすっかり入れ替わっているし、ヤニー・デュプレッシーと組むのは初めてになる。果たして、しっかりと組めるかどうか――。

リーチはガルセス氏に言った。

「スクラムトライを狙います」

つぶらな目をしたガルセス氏はうなずいた。

スクラムがググッと右に回る。日本が明らかに組み勝っている。ガルセス氏が左手をあげ、アドバンテージを取った。スクラムがその体を成さなくなったところでガルセス氏の笛が長く鳴った。南アフリカの反則だ。

エディーの「テイキング・スリー！」という怒号は、エディーのそばにいた通訳の佐藤から、ピッチレベルにいた大村、トレーナーの青野に伝わり、リーチの耳にも届いた。一度うな

ずいたものの、リーチは感じるままに判断するつもりだった。

フロントローの稲垣、木津が「スクラムいきましょうよ」と言ってきている。エディーの指示は無視することにした。

スクラムでいこう。トライを取る。

朝、カフェでのエディーのひと言が思い出された。

「ペナルティをショットにするか、それとも攻めるのか。感じるままに、判断していい」

ここはスクラムだ。山下もその気になっている。

ロックのトンプソンが叫ぶ。

「歴史を変えるのは誰？」

エディーの教えが浸透していた。

稲垣、木津、山下、トンプソン、真壁、リーチ、ブロードハースト、そしてマフィ。八人の呼吸がシンクロする。

ダルマゾの教えの通り、八人のパックを固める。

スクラムが移動していく。もう一度、組み直しだ。

スクラム最後尾に構えるマフィは、こう考えていた。

「スクラムトライが狙えないなら、自分がアタックを仕掛けよう」

今度はスクラムが崩れ、組み直しとなった。これまでと比べてもスクラムの状況が良くない。相手は南アフリカ、王国のプライドを懸けて必死にスクラム戦を制そうとしている。

そして最後のスクラムが組まれた。

プロップの稲垣は、相手3番のヤニー・デュプレッシーに横からの強烈な圧力を受けていた。フッカーの木津も「バインド」から「セット」の合図の段階で、相手との呼吸がうまく合わず、「相手の反則だろう」と思った分、反応が一瞬遅れた。しかし、ガルセス氏の笛は鳴らない。

グイッ。ジャパンのスクラムがゆがむ。木津はボールを右足でかくのが精いっぱいだ。とても押す余裕はない。

ダルマゾは、「これはいけない！　ダメだ」と肝を冷やす。

福本は「えっ、どうして？　どうして押されるの？」と心が縮んだ。ああ、ペナルティを取られる。

しかし、ガルセス氏の笛は鳴らなかった。

このときのスクラムは、後に議論となる。ゆがんだスクラムはジャパンの落ち度と見なされてもおかしくはなかった。

もしも、エディーがガルセス氏を八月のウルグアイ戦で呼んでいなかったら。

もしも、スクラムコーチがフランス人のダルマゾでなかったら。

もしも、福本が「元気です……か？」という日本語を教えていなかったら。

もしも、リーチが事前にコミュニケーションを取っていなかったら。

解答はない。しかし、そうした要素が渾然一体となり、ガルセス氏に影響を与えていた可能性はゼロではない。


日和佐は相手スクラムハーフのデュプレアに突き飛ばされ、ボールをさばけなかった。マフィが身を挺してボールを救う。日和佐はすかさずボールをリーチに託す。リーチは左サイドをアタックした。続いて、ブロードハースト。ここでリーチがもう一度ボールを持って突っ込む。次は真壁が行く。アタックは徐々に右へと移動し、日和佐はここでバックスにボールを供給した。

立川だ。デビリアスとクリエルのギャップ目がけて走り込む。相手が絡む。ひとりで、二人を殺した。

そこにリーチがやって来た。最初に自分が突っ込んでから、再度の突進、二度もラックに参加し、リロードして走り込んできたのだった。日和佐はリーチにボールを渡す。

リーチがドッと前進する。悲鳴と歓声、南アフリカのストラウスが懸命のディフェンスで止

める。英語実況のアナウンサーが叫んだ。

「リーチ、ヒー・イズ・ストロング！　ストラウス！　トライ・セービング・タックル！」

トライラインは目の前だ。

そこで右ウィングに回っていた松島がリーチが倒されたポイントに素早く入る。さらに山下が、ブロードハーストが加わった。ボール、確保。

そこに五郎丸が走り込んでいく。トライを挙げ、淡々とキックを蹴り込んでいく彼の存在感は増していた。五郎丸のランに南アフリカの選手たちは警戒感を示し、足が止まった。

その瞬間、日和佐はボールを左に大きく動かした。左のラインには立川、トンプソン、木津、そしてマフィがいた。その後ろに途中出場の田村優と、マレ・サウが控えている。相手のディフェンス・ラインから距離を置き、スペースを作ってアタックの機会をうかがっていた。

いちばん外には、カーン・ヘスケスがいる。後半38分、エディーは山田に替えて、強靭な下半身を持つカーン・ヘスケスを投入していた。第六感が働いたのだ。

立川はディフェンス・ラインとの相関関係を眺め、ふたり飛ばしでマフィにパスを放るのが正解だと即座に判断した。

エディーからは「絶対に飛ばしパスは放るな」と口を酸っぱくして言われていた。しかし、ここでは「怪物」マフィの力が必要だ。

行け、ナキ！　立川はエディーの指示を破り、パスを放った。網膜剝離の右目ではなく、左目で見る左サイドは視界良好だった。

マフィには、13番のクリエルが素早くディフェンスに来た。上背、体格、そして腕の長さもマフィの方が優っている。クリエルは上体をつかまえに来る。息づかいが聞こえそうなほど、接近して来た。

一発、ハンドオフを繰り出した。

クリエルの顔がゆがむ。倒れはしない。しかし、この衝撃でギャップが出来た。行ける、抜ける！　しかしクリエルも必死にカバーに走ってくる。スタンドオフのポラードも自分目がけてカバーディフェンスに来ている。

味方はヘスケス。強靭な足腰を持つ男。その前には、ディフェンスのピーターセンがいた。どっちだ。ピーターセンは他のメンバーのカバーを信じて、ヘスケスをマークするのか。それとも――。

ピーターセンは自分を見ていた。

マフィは左にパスを放った。ポラードは一歩及ばず、その場に崩れ落ちた。

パスはやや後方に流れていたが、ヘスケスはステップを踏んで受けるタイミングをうまく合わせ、ボールを素早く右腕に抱えた。ピーターセンは自分の上半身を狙ってつかまえにくるは

ずだ。よしっ、加速してやる！　ヘスケスはグッと状態を沈め、トライラインが近づいてくると両手でボールを抱え込むようにした。頭もタッチラインの方に向け、ピーターセンに対して背中を見せるようにした。

あとは飛び込めばいい！

ピーターセンの腕が肩に回された。だが、タッチラインに押し出される心配はない。反転させていた体をねじり、右腕でボールを抑えた。

ガルセス氏が来る。タッチジャッジが右手の親指を立てていた。「グッド」の合図だ。トライ。34対32。

スタジアムが揺れた。世界が揺れた。

エディーは、強烈な感動を覚えていた。

自分の息子たちが、歴史を変えたんだ。

やったんだ。ついに。息子たちが——。

しかし三十秒後、将軍は檄を飛ばした。

「もう終わり。次はスコットランドだ！」

中島は「エディーらしいな」と思った。このリーダーはいつも過去を振り返らない。常に未来を向く。もう少し、余韻に浸ってもいいじゃないか、と思ったがこれがエディーのスタイルなのだった。

それにしても、すさまじいトライだった。何千、いやひょっとしたら何万時間も日本代表の映像を見てきた中島からすると、あのタイミングでリーチが右サイドに走り込んできていなければ、ヘスケスがトライを取る形には持ち込めなかった。

ボールがタッチラインから15メートルにあるときと、5メートル地点にあるときではディフェンスがカバーできる範囲がまったく違う。しかも、リーチにパスをする前に日和佐はいったん、左に行くという動作を見せており、そこでリーチが突っ込んできたものだから、南アフリカの選手たちはタッチライン際に注意が向いていた。そして緩やかなスペースが生まれ、マフィとヘスケスが強靭な肉体を武器にトライをもぎ取った。左サイドに「役者」が残っていた。

そして、ノーサイド。

小野がもっとも感激したのは、試合が終わってからの南アフリカの選手たちの振る舞いだった。ジャパンの選手たちが泣いて抱き合っているところに、スプリングボクスの選手たちはすぐにやってきて、ひとりひとりと握手していった。「すごいヤツらだ」と小野は圧倒される思

いだった。

畠山と稲垣が抱き合っているところに、主将のジャン・デビリアスとビクター・マットフィールドのふたりが寄っていき、祝福していた。

小野のところにはサントリーでチームメイトのスカルク・バーガーが来て笑顔で握手をしてくれた。バーガーは細菌性髄膜炎を患い、死線をさまよったこともあった。だからこそ、生きて、ラグビーをプレー出来る素晴らしさを知っている。とにかく、器が大きい人間だということを小野はサントリーのチームメイトとして知っていた。

南アフリカといえば、ラグビーが国技だ。それがこれまでW杯で一勝しかしていないチームに敗れた。さっきまで必死で身体を張って戦っていた相手に、笑顔で「おめでとう」と言える人間力に、小野は言い知れぬ感動を覚えた。彼らのことをリスペクト出来るし、まさにラグビーがリスペクトに値するスポーツだと小野は感じた。

記者会見場に向かう通路で、エディーは佐藤につぶやいた。

「ドリームズ・カム・トゥルー」

エディーは、満たされた表情を佐藤に見せた。

第八章 Last Days

ラスト・デイズ

五郎丸歩は何を思っていたのか

Tomoki Momozono

小野晃征は興奮のあまり、試合が終わってから朝の五時か六時くらいまで寝つけなかった。いつもなら試合終了後、仲間と酒を飲むのだが、さすがに中3日でスコットランド戦が迫っているので控えた。ひょっとしたら、酒を飲まなかったことでリラックスできずに眠れなかったのかもしれない。

睡眠時間は、一時間あったか、それとも二時間くらいだったか。それさえも定かではなかった。朝、起きてからブライトンのビーチに行き、海水に入ってのリカバリー・セッションが行われた。ところが、足がおかしい。何も感じないのだ。

あれ、まだアドレナリンが回っているのかな……。なんとか良い方向に解釈しようとした。時間が解決してくれることを祈りながら、午後の練習を迎えた。スパイクを履き、トイレを済ませてから、グラウンドに立とうとした。

足が上がらない。見ると、股関節の内側に張りがあった。原因は、これだ。「まずいな」と思い、ドクターに話をすると、エディーがやって来た。

「コウセイ、とりあえずそのケガを治すんだ」

小野の離脱が決定的になった。

クレイグ・ウィングも昨日の興奮が忘れられないでいた。廣瀬らとともにピッチに下りて見

た光景は、スタジアムの観衆が総立ちになり、南アフリカのサポーターまでが日本を応援している姿だった。驚くべきことだったが、おそらく彼らは、日本が南アフリカに勝つことにでもなれば、自分たちは歴史の現場に立ち会うことになると思ったに違いない。味方の情けないプレーは勝利に値しない。だったら、特別な瞬間を後押ししようではないか——そういう心境だったのだろう。ウィングも歴史の一部になれたことに感謝した。

しかし、その一方でなぜ自分は試合に出られなかったのか、という悔しさがあった。本当は自分が背番号12をつけて、あのピッチに立っていたはずだった。それなのに、前日になって出場出来ないことになった。

幸い、ふくらはぎの状態は上向いていた。絶対に、三日後に迫っているスコットランド戦には出なければいけない。そして、勝つ。南アフリカの勝利を忘却してしまうような勝利を収めるのだ。

九月二十日日曜日、試合に出たメンバーはコンディションの回復を優先させる。自分はここでプッシュしておこう。ウィングは足の状態を確かめるように走り出した。そして徐々に強度を上げ、ハードにプッシュしてみた。

プチッ。ふくらはぎに違和感がある。

まさか。歩いてみる。やっぱり、痛い。

ウィングはこの瞬間、自分がスコットランド戦にも出られないことに気づいた。なんてことだ。大丈夫だと思ったのに……。

エディーはこれでバックスの生命線であるスタンドオフとインサイド・センターを失った。

チームは月曜日になってブライトンから、スコットランド戦が行われる町、グロスターに移動した。エディーにとって誤算だったのは、バス移動が四時間ほどもかかったことだった。中三日しかなく、しかもおよそ半日が移動やら何やらで、つぶれてしまうとは。戦うための準備どころか、これではリカバリーもままならない。中三日で戦わなければいけないチームは他にもある。しかし、南アフリカ、スコットランドというティアⅠのチームとの連戦は、まったくナンセンスだ。

リーチマイケルは、手帳に日々感じたことを書き留めていた。南アフリカ戦が最後の試合だったら、どんなに良かっただろう。しかし、戦いは続く。メディアは騒ぎ立て、選手にはメールやＬＩＮＥでお祝いがどんどん入ってくる。これまでのジャパンの境遇を考えれば、もちろんそうした反応はうれしい。しかし、仲間たちはどこか集中力を欠くようになっていた。

リーチはノートに「悪影響」と書き記していた。

日本代表はＷ杯で「ＪＡＰＡＮ　ＷＡＹ」とデザインされたジグソーパズルを用意してい

た。選手、スタッフひとりひとりにピースが配られ、自分が「準備万端」と感じたなら、ピースをはめていく。南アフリカ戦の前にはそのパズルが完成していた。全員が準備万端だったからだ。しかし、スコットランド戦はその前夜になっても、「JAPAN WAY」のパズルは完成しなかった。

それでも試合は拮抗した。前半15分にはモールから今大会の「ライジング・スター」、アマナキ・レレイ・マフィがトライをもぎ取った。五郎丸歩のゴールも決まって7対6。スコットランドの面々も緊張したに違いない。ただ、スコットランドはスマートで、手堅かった。あごひげをたくわえたスクラムハーフの主将、グレイグ・レイドローがペナルティゴールを四本決めて12対7。

そして前半終了間際、スコットランドはボールを大きく動かし、右ウィングのトミー・シーモアが完全に余った状態になった。間違いなくトライだ。これでコンバージョンが決まると、得点は7対19になってしまう――。

ところが五郎丸歩が考えられないスピードでコーナーフラッグめがけて走っていく。

ゴツン。

音がした。スタジアムの観客は歓声をあげるのではなく、息をのんだ。海外の解説者でさ

え、そうだった。

五郎丸がシーモアをタッチラインの外に押し出した。息をのんだ人たちは、そこで感嘆の声をあげた。そこで前半終了のホイッスル。

トライ・セービング・タックル。五郎丸は危機的状況を救った。

ハーフタイムを迎えて、エディーは、

「こちらの出来はぜんぜんよくない。それなのにたった5点差だ。プラン通りのラグビーが出来れば、勝てる。後半が勝負だ」

と選手たちを激励した。

しかしその実、エディーは別の見方をしていた。試合が始まってすぐ、無線機で選手たちに向けて「チェイス！　走るんだ！　出来ないのなら、交代させるぞ」と叫んでいたのだが、選手たちは反応出来なかった。

ケガなのか、コンディションが悪いのか、理由は判然としないが、動きが鈍い。エディーは前半途中の段階で傍にいたコーチのリー・ジョーンズに「今日は負けた。これではどうしようもない」とまで言い、打開策を見つけることが出来なかった。その日、試合中のエディーは不気味なほど静かだった。

後半が始まり、日本は攻勢に出る。マフィがまたも突進する。その突破力はスコットランド

の選手を守勢に立たせた。しかし、いったん密集になってしまうと、相手方はマフィを狙い撃ちにしてきた。ダメージを与えるべく突っ込んでくる。これこそがエディーが日本の選手に求めていたことだった。宮崎で、村田に対して「優しすぎるんです、あなた方は」と言っていたのはこのことだった。

後半が始まって5分、獅子奮迅の働きをしたマフィは足の故障でプレー続行が不可能な状態となり、ピッチを去った。ツイヘンドリックと交代だ。かなり足の状態が思わしくない。サモア、アメリカ戦が不安に思えた。それでも日本は、6分に五郎丸がペナルティゴールを決めて2点差に迫る。

試合が決したのは後半24分だった。2点差から10対24と2トライ差を追いかける展開になった日本は、連続攻撃を仕掛けるがセンター田村優のパスがシーモアにインターセプトされ、WTBの福岡堅樹が必死に追いすがったがトライされた。10対31。3トライ3ゴールの差をひっくり返すのは、インターナショナル・レベル、しかもティアIの相手では不可能だった。

試合が終わって、田中史朗には後悔の念が芽生えた。

南アフリカ戦の夜。田中は本当のことを言えばビールを飲みたかった。歴史的な勝利を収めたのだ。みんなと楽しく飲みたいじゃないか。

「俺は今日、飲まんからね。スコットランド戦まで我慢するよ」

チームディナーでスタッフは飲んでいたし、量を抑えながら飲んでいる選手もいた。

でも、今日の試合の動きを振り返ってみると、みんなどこか動きが重たかった。アルコールがすべての原因ではないだろう。しかし、数時間にせよ、回復が遅れればW杯の舞台では大きなハンディキャップになってしまうことが明白になった。ましてやスコットランドは初戦でコンディションは上々、ジャパンが南アフリカに勝ったことで気を引き締めていたから隙がなかった。

どうして、俺はあのとき、みんなを止められなかったのだろう。

たぶん、オールブラックスの選手たちだったら、自主的に飲まなかったのではないか。それが「経験」というものなのだろう。トップレベルにならなければ分からないことがあるのだ。

スコットランド戦の翌朝、エディーはスタッフを前に謝罪した。

「昨日の試合は、私のとんでもないミスで負けてしまった。選手のコンディショニングを見誤った。出すべきではない選手を使ってしまった。申し訳ない。今後、このようなことは二度と、絶対にないようにする」

スタッフの何人かは、「エディーは敗戦を直視する。責任を転嫁しない潔さはある」と感じた。ただし、敗れたことでこれからサモア戦に向けてのスタッフに対する要求は高まるかもし

れない。

特にストレングス&コンディショニング・コーチのジョン・プライヤーにはプレッシャーがかかるに違いなかった。なぜなら、南アフリカに対する感動的な勝利を収めたあと、選手たちが受けた体のダメージは、スコットランド戦で露呈したほど大きかったからだ。

一方、選手たちとのミーティングでは、エディーは辛辣だった。

「いまや、五郎丸は日本に帰ったら総理大臣にだってなれる。みんな、スターになった気分ですか？　そんなことじゃサモアにも負けて、アメリカにだって負けて、成田に背中を丸めて帰ることになる」

堀江翔太は「なんも、そこまで言わなくても」と苦笑しながらエディーの言葉を聞いた。それでも、たしかにそうなのだ。もしも、あと二試合負けてしまったら、南アフリカ戦の快挙がフロックで終わってしまう。

五郎丸歩は、サモア戦こそが日本のラグビーの未来がかかった大事な一戦になると考えていた。もしも、サモアに負けてしまっては、「なんだ、南アフリカに勝ったのはまぐれだったのか」と、日本だけでなく、世界中からそう思われてしまうだろう。

幸いなことに、サモア戦のテレビ中継は日本時間の土曜夜十時半からだ。プール最終戦のアメリカ戦は体育の日となる十月十二日の早朝四時から。さすがに起きてまで見る人はまだ少な

いだろう。だったら、サモア戦に勝って実力を証明するしかない。

十月三日、ミルトンキーンズで行われた試合、日本はサモアに完勝した。26対5。サモアに付け入る隙を与えなかった。

この試合のハイライトは、前半のふたつのトライだった。24分、日本はサモア・ゴール前でのスクラムを組んだ。シンビンでひとり少ない状態だったこともあり、サモアのFWは日本のプレッシャーに耐えかね、スクラムを崩した。レフェリーのクレイグ・ジュベール氏は日本に認定トライを与えた。W杯史上、日本が初めて奪った認定トライだった。

プロップの稲垣啓太はこのトライにFWの、そして自分の成長を感じていた。

南アフリカ戦は途中出場し、四本のスクラムを組んだ。一本目は組み勝ち、ペナルティを奪った。そして逆転にいたるまでのスクラムでは、最初は押し込んでペナルティを奪い、次は崩れての組み直し。そして最後のスクラムは相手のプロップが角度を変えてきたこともあり、それに対応出来なかった。もしも逆転トライを奪えていなかったら、FWの責任になるところだった。

サモア戦の認定トライのシーンでは、相手の3番のプロップが外に開き、スクラムを落とそうとしてきた。稲垣は味方3番の畠山が前に出ているのを見て、「ここで落としたら、もった

いない」と感じ、グイッと、こらえて相手を持ち上げた。ジャパンの1番、3番が組み勝ったのだ。

たまらず、サモアのFWはスクラムを落とした。コラプシング。ジュベール氏は右手を上げながら、ゴールポスト真下に走っていった。認定トライの証だ。

そして前半終了間際、今度はウィングの山田章仁が魅せた。

日本は認定トライの後も五郎丸のペナルティゴールが決まって13対0とリードを広げていたが、前半終了を目前にして連続攻撃を見せた。攻めに攻め、幾度もボールを確保する。サモアにはターンオーバーを奪うチャンスはなかなか訪れない。トンプソン、リーチがグイと突進すると、ゴールラインが近づいてきた。そして、フェイズを重ねること十四回、右タッチライン際の狭いエリアにボールを回すと、プロップの畠山が素晴らしいスピードで走り込み、軽くウィングの山田にパスを出した。相手のディフェンスがついていたが、山田はアメフトばりの「スピンターン」で相手のタックルをかわし、インゴールにダイブした。TMO判定とはなったが、全世界に発信された映像では、山田はタッチラインを踏んでおらず、見事な姿勢でトライを奪ったことが確認出来た。

何度もラックからパスをさばいた田中史朗は、後になってこのトライもベストトライのひとつだったとしみじみと感じた。FWのパワフルな突進、確実なボールのキープ。そして畠山の

ランも素晴らしかったし、山田の個人技が世界レベルにあることが証明された瞬間だった。

エディーも山田のパフォーマンスに満足だった。コーチの沢木敬介と話したとき、ＢＫの選手で最も成長したひとりが山田ということについてふたりの意見は一致した。山田は目立ちたがりの部分もあるが、それが大舞台でのパフォーマンスにつながることがある。それをこの日、山田は見せてくれたのだ。


後半にひとつ、議論となるプレーがあった。30分にペナルティをもらい、リーチはショットを選択した。残り時間はあと10分。トライは前半にあげたふたつ。準々決勝進出を考えると、是が非でもトライを四つ取って勝ち点1を上乗せしたい。ここで敵陣ゴール前までキックを蹴り、モールでトライを取る選択肢もある。しかし、リーチは考えた。

しっかり、安全圏に入るべきだ。

リーチの経験からすると、サモアというチームは「疲れてるな」と思ったときに限って、疲れていないのだ。騙されてはいけない。何かのきっかけで火がつくと、それこそ手がつけられなくなる。ここは、一度ショットを狙って24点差にし、完全に殺す。そしてリフレッシュしてから、トライを狙いにいこうと考えた。サモアをリスペクトしていたのだ。

たしかに最後までサモアはハードヒットを繰り返してきた。試合終了直前、トンプソンが倒

れたまま動かない。トライは取れなかったが、オールアウトした。

「物足りねえ」

マン・オブ・ザ・マッチに選ばれた五郎丸は、広報の渡邉まゆ子にそう漏らした。

これまでパシフィック・ネーションズカップで対戦しても、どちらが勝つか分からない戦いを繰り広げてきた。間違いなく、難敵だった。おそらく、勝ったら感激もあるだろうと想像していた。それなのに実力差が点差にそのまま出てしまった。

「力の通り勝つって、こういうことなのか……」

それは五郎丸だけの感覚ではなかった。試合終了後、相手からの強烈なコンタクトを浴び、敗残兵のようにピッチにうずくまっていたトンプソンルークも、

「どうして、勝ったのに喜べないんだ？」

と不思議な感覚に陥っていた。

おそらく、世界のトップチームの選手たちはこうした感覚に慣れているのだろう。しかし、日本の面々は、まだ世界の舞台では勝っても当たり前という感覚に慣れていなかった。

五郎丸は思った。

南アフリカ戦の、あの興奮には到底及ばない。もう一度、魂を揺さぶられるような勝利が欲

しい。

南アフリカに勝ったときの衝撃を、体が、気持ちが求めてしまうのだ。こんなんじゃ、満足できない。だったら、どうすればいい？　準々決勝に進むしかない。クォーターファイナルの舞台は、ラグビーの選手なら誰もが憧れるトゥイッケナムだ。相手はオーストラリアだろう。エディーの母国でもある。超満員の観衆が取り囲み、全世界が注視する舞台に立つしかない。

五郎丸の言葉を聞いて、広報の渡邉は驚いていた。W杯が始まってから、選手たちはどんどん成長している。どこまで、行ってしまうのだろうか？

サモア戦の結果、日本は勝ち点4を追加して「8」となった。日本の準々決勝進出は他力本願、十月十日に行われるスコットランド対サモア戦の結果次第ということになった。

サモアのスタンドオフ、トゥシ・ピシはサントリーのチームメイトたちに「頑張るから。期待していてくれ」と声を掛けていた。

この両軍の試合は激しかった。前半を終わってサモアが26対23とリードした。小野は「もしかして……」と淡い期待を寄せた。とにかくサモアに頑張って欲しかった。しかし、スコットランドが後半13分に逆転すると、ノーサイド間際にサモアが猛攻を見せるも及ばず、36対33でスコットランドが辛くも準々決勝進出を決めた。

テレビでの観戦を終えると、モニターが置かれた部屋から選手たちが失望の声を出しながら出てきた。みんな、疲れていた。その日の午前中に移動し、キャプテンズ・ランがあって、午後に自分たちの運命を決める試合を観戦した。

これで日本は、アメリカとの試合がW杯での最後の試合になることが決まってしまった。エディーはスタッフに言った。

「この結果を受けて、選手たちのメンタリティが落ちるかもしれない。これでアメリカに負けてしまったら、まったく無様でしかない。これこそ、絶対に勝たなければならない試合なんだ。選手たちの気持ちがダウンしないよう、注意を怠らないように」

数時間後――。エディーは不機嫌になった。何人かの選手たちに弛緩した空気を感じ取ったのだ。

「なんだ、アイツらは！　お土産のことを心配したりして、もう帰る気になってるんじゃないのか！」

選手たちは様々な感情を持っていた。廣瀬はあと二日で、この四年間の旅がようやく終わると感じていた。

「あと少しで日本に帰るんだな」

それは複雑な心境だった。安堵感もあったが、さびしさも拭えなかった。

「このメンバーと一緒なのも、あと二日だけか――」

きっと、アメリカには勝つだろう。それだけの準備をしてきたのだから。ただ、試合に出たい。W杯でプレーしてみたい。

まだ、試合に出ていないのは廣瀬俊朗と湯原祐希と、藤田慶和、そしてクレイグ・ウィングの四人だけになっていた。廣瀬と湯原は東芝のチームメイトであり、それぞれの子どもの年齢も近いことから、妻同士も仲が良かった。家を守る妻ふたりは、連絡を取り合っていた。そしてサモア戦のあと、こんなやりとりもした。

「もう、どっちでもいいから、とにかく試合に出て欲しい」

しかし、その願いは届かなかった。

廣瀬、湯原の名前は先発、リザーブにもなかった。


アメリカ戦を前にしたロッカールーム。

エディーは最後のスピーチで、情熱をほとばしらせ、「プライド」という言葉を言った瞬間、声が震えた。泣いていた。指揮官の感情につられるようにして、W杯で初先発する藤田慶和が泣いていた。

藤田はサモア戦まで出番がなく、チームに貢献出来ないことに苛立っていた。そしてその感

情が態度に表れていたのか、リーチに呼び止められた。

「ヨシ、次のアメリカ戦は自分の何を強みにして、コーチ陣にアピールするつもりなんだ?」

藤田は日ごろ思っていることを話した。

「まず、アタックをストロング・ポイントとして売り出して、課題とされてるディフェンスをなんとかします。そこを一週間で克服するしかないです」

リーチは分かった、とうなずいた。

「ヨシがそう思っているなら、俺はなんでもするよ。タックル練習するなら、俺が付き合うから」

そう言って、リーチは藤田の肩をポンと叩いた。

藤田はリーチに頭が下がる思いがした。きっと、自分が「楽しくないな」と少し不貞腐《ふてくさ》れた顔をしていたのが目に止まったのだろう。そんな自分の失礼な態度を叱るのではなく、モチベーションを上げる形で話をしてくれた。やってやる。あと一週間、やってやる。藤田はコーチ陣に弱点の克服につながるようなプラスアルファの練習メニューをリクエストした。その藤田のやる気がエディーにはいい意味での「アピール」に見えた。先発メンバーに藤田の名前が入った。

藤田の真骨頂は前半28分に発揮された。その前のプレーで日本はアメリカの連続攻撃を許し

てトライを献上、7対8と逆転されていた。しかし、直後のキックオフのボールをアメリカが捕球ミスすると、元気いっぱいの藤田が忠実にチェイスし、プロップの稲垣がサポートする。そしてアメリカのゴール前でモールを押す。どんどん押す。その塊に藤田が加わる。いびつな形をしてモールは形を変えていき、いつの間にか藤田がモールの芯に入っていた。自分の手にボールが収まる。前が空いていた。

行っちゃえ。

白いボールを両手で抱えて藤田はグラウンディングした。W杯初トライ。

周りにいたFWのメンバーが祝福してくれ、リーチもうれしそうだった。

このトライはメンバーを元気づけた。特にFWには蓄積した疲労があった。小野はゲームが始まって早々、5分の段階でトンプソンルークとアイブス・ジャスティンのボディ・ランゲージが、疲れを発信していることに気づいた。

「これは戦い方を考えなければいけない。テンポを上げるときと、そうでないときのメリハリをコントロールしなきゃ。3点を狙えるときは、狙わなきゃな」

そうした危機感があったからこそ、元気な藤田のトライはチームを活気づけた。

後半に入っても、日本はアメリカを突き放せないでいた。畠山は「みんな、疲れてるな。今日がいちばん出来が悪い」と思っていたが、それでも試合をリードしているのは、それこそエ

ディーが四年間をかけて揺るぎない基盤を固め、いままで見たことも、聞いたこともない高い基準を要求してきたからに他ならなかった。それに、選手たちが応えた結果なのだ。

後半30分過ぎには、7点差にまで詰め寄られた。しかし、最後にとどめを刺したのは五郎丸だった。後半37分のペナルティキック。いつも通り、手を合わせ、淡々とボールをポストに蹴り込んだ。

28対18。

日本は三勝一敗でW杯を終えた。

すぐにピッチには選手たちが集まった。肩を組み、写真に応じ、チームソングも歌った。円陣を組むと、エディーがひとりだけその輪に参加せず、微笑みながら選手とスタッフを見守っていた。

選手たちは、いろいろなことを考えていた。

マン・オブ・ザ・マッチに選ばれたのは、五郎丸だった。インタビューを受けている最中、「われわれの……」という言葉を発したあと、感極まった。

「目標はベスト8だったので……。くやしい……。達成感はあまりなかった。ひとりもこれで満足している選手はいないと思います」

アメリカ戦でようやくピッチに立ったクレイグ・ウィングは、W杯の舞台に立てたことがう

れしかった。四年前には、自分がW杯でジャパンのジャージを着ているなんて、想像もつかなかったからだ。うれしい、でも悲しかった。

このまま試合が続いて、W杯が終わらなければいいのに――。

三勝をあげたのに、準々決勝に進むことが出来ない、歴史上はじめてのチームになってしまった。もしも、スコットランド戦が南アフリカとの試合の四日後ではなく、一週間後に組まれていたら、自分はプレーできたに違いない。W杯の不公平なスケジュールに怒りを覚えた。

本来であれば、自分はもっともっとW杯でラグビーを出来たはずだった。

これまで十三人制のラグビーリーグのグランド・ファイナルでもプレーしたし、リーグのオーストラリア代表としても国を背負って戦った。しかし、W杯は特別だ。

自分の痛みを忘れてでもプレーしたかった。すべてを犠牲にしても試合に出たかった。目の前のことに人生のすべてを懸ける。それがW杯だった。

メディアへの対応が終わり、選手たちがロッカーへと戻ってきた。広報の渡邉の仕事も終わりに近づいていた。広報の仕事は常に冷静さが求められる。選手たちが興奮し、涙を流しているときも「フラッシュ・インタビューがあるから。一分後ね」とてきぱきと仕事を進めなければならない。選手たちはアメリカ戦が終わり、区切りを迎えていたが、渡邉はメディアへの対

応をしていたから、感情の波をその間も押さえ込んでいた。そして、最後のロッカールームに入り、こらえきれなくなった。涙がこぼれた。選手が心配して、

「どうしたの?」

と声をかけてくれた。

「感極まって……」

と答えると、廣瀬が笑顔でツッコミを入れてきた。

「遅いんちゃう?」

ロッカールームに笑顔が広がった。

この日はナイトゲームだったため、チームディナーが始まるのは遅かった。みんな解放感にあふれ、酒も進む。これから夜を徹して飲む者もいるだろう。もう、エディーから「お酒を飲むとパフォーマンスが二十パーセント落ちます」と叱られることもない。酒精ともいうべきロック陣、大野均、真壁伸弥はどんどん盃を重ねる。マイケル・ブロードハースト、カーン・ヘスケスも飲む、飲む。

チームディナーが終わって散会すると、飲みたい人たちは一緒に時間を過ごす。

五郎丸は、なぜか感情を解放しきれなかった。「打ち上げとか、そんな感じじゃないなあ」

と自分でも不思議な感情に囚われていた。何人かと「おやすみ」「おつかれさん」と挨拶を交わしてから、部屋に戻ってベッドに横たわった。誰と、話したいわけでもなかった。考えたかった。

たしかに、三勝一敗という結果は誇れるものだろう。これまで七回のW杯で日本が勝ったのはわずか一回だけだったのだから。でも、この四年間、犠牲にしてきたものは大きかった。会社。家族。子どもの成長を見る機会は限られていた。それだけの時間を費やしても、目標とするベスト8には入れなかった。

W杯前、このW杯が終わった時点で自分は代表を引退するつもりだった。だからこそ、この結果に満足感はある。それでも寂しさがないといったら、嘘だ。

プールステージを突破出来なかったという現実をどう考えればいいのだろうか。何が、足りなかったのだろうか。

いくら考えても正解はなかった。部屋の灯りを消してから、暗くなっても五郎丸は考え続けた。そしていつしか、眠りに落ちていた。

第九章 オン・ザ・ウェイ・ホーム

On The Way Home

長い戦いを終えて帰国したエディーと代表メンバー

Kyodo

アメリカ戦から一夜が明け、エディーは妻と朝食を食べた。

振り返ってみれば二十年前、校長であり、体育教師であり、アマチュアのラグビー・コーチとして多忙な日々を送っていたとき、妻から「このままでは落ちついた時間が取れません。教員か、コーチかどちらかを選んでほしい」と促され、エディーはコーチングの道を選んだのだった。

最初は東海大学のコーチからスタートし、山本巖監督の下でジャパンのスポットコーチを務め、サントリーのお世話になった。まだ収入は安定せず、フィットネスクラブでベンチプレスを会員に教え、暮らしをしのいだこともあった。いまは好きなラグビーのことを二十四時間考え続けることが出来る。なんと幸せなことなのだろう！ そしてW杯では目標としていた準々決勝進出はならなかったものの、確実に日本のラグビーの歴史を変えることが出来た。

私は、ラグビーの歴史に新たな足跡を残したのだ。

しかし、息子たちと別れるときが近づいていた。

選手たちにとっては、まさに解放の日だった。

もうヘッドスタートもない。エディーに怒鳴られることもない。でも、あと少しで仲間とも別れなければならない。

朝、最後のチーム・ミーティングが行われた。エディーが前に立ち、話し始めた。

「私の仕事はもう終わりました。だから、私から話すことは何もありません。稲垣さん、進行をお願いしていいですか?」

メンバーたちは少しだけ驚いた。エディーの話を期待していたからだ。しかし、これもまたエディーらしいスタイルだった。

エディーに促され、チームディレクターの稲垣純一が最後のミーティングを進めることになった。スタッフは部門ごとにひとりずつ、代表してスピーチをすることになった。

まず、最初にコーチ陣から沢木敬介、続いてストレングス&コンディショニング部門からジョン・プライヤーが話した。

広報の渡邉まゆ子は、プライヤーが言葉を詰まらせたのを見てハッとした。「さすがに、JPでも感極まることってあるんだな……」と驚き、自分は落ちついて話さなければいけないと思った。続いて、トレーナーの井澤秀典、分析の中島正太が話し、次に渡邉の番になった。

「二〇一二年のヨーロッパ遠征から帯同させてもらいましたが、最初は選手のみんなから『サッカーの選手って、どうなの?』という質問をよく受けたのを覚えています。私にとって衝撃的だったのは、サッカーの選手は知名度もあり、メディアへの露出もあって、それなりに収入も得ている。ところがラグビーは激しいコンタクトスポーツで、二部練、三部練、時には

四部練をするほどハードワークしているのに、知名度も低いし、注目もされていない。遠征から帰ってきたとき、広報のサマリー・ミーティングで私は、『絶対にこの頑張っている姿を出来るだけ多くの人に知ってもらいたい』と話したことを覚えています」

そして渡邉は、話をこう締めくくった。

「そしていま、これだけ注目されているあなたたちは、やっと報われたし、私は正当な評価を得られていると思います。本当に、よかったです」

あふれ出る感情を抑えることが出来ず、やっぱり涙がこぼれた。いや、号泣してしまった。

そのあと、通訳の佐藤秀典が引き取った。佐藤は四月からチームに合流し、半年間、エディーの傍で濃密な時間を過ごした。

「自分が入る前、自分が以前から知っていた分析の中島さんに『ジャパンはどんな場所ですか?』と質問したんです。中島さんからは『チームのみんな、最高のヤツばかりだから、それだけは心配しないで入ってきていいよ』とアドバイスをもらいました。この半年間、本当に聞いた通り最高の仲間でした。短い期間だったけれど、最高のチームだと思います」

と話したあと、最後に付け加えた。

「最高の夢を、自分にも見させてくれてありがとう」

そうなのだ。誰もが、夢を現実のものとした。そして、その時間がもうすぐ、終わりを告げ

る。

続いて総務担当の大村武則が話し、最後にリーチマイケルが話す番になった。

「みんなが立てた目標に向かって、みんなが努力したからこそ、この結果が得られたと思います。本当、ハードワークの結果です」

話している最中、リーチの目に飛び込んできたのは部屋の後ろに立つエディーの姿だった。泣いていた。滂沱《ぼうだ》の涙を流している。

「えっ！　マジで？」

リーチは驚いた。そしてエディーの心情を察した。きっと、これほど愛したチームはなかったんじゃないか。コーチは情熱と、愛情と、知識、教養、持っているものすべてを、このメンバーたちに注ぎ込んでいたんだ。

エディーはいつも「体を張るんだ！」とグラウンドで叫んでいたが、いちばん体を張っていたのはエディーだった。脳梗塞に見舞われるほど、ハードに、寝ないで仕事をしていたし、スタッフ、選手に檄を飛ばし続けた。あれだけ、キツい練習をさせるのも、人をボロクソにこき下ろすのも、簡単なことじゃない。勇気が必要だった。エディーには最上級の勇気が備わっていた。エディーを視界にとらえながら、リーチは最後に言葉を締めくくった。

「みんな、本当にありがとう」

エディーはみんなに涙を悟られないように、足早に部屋を後にしていた。最後くらい、素直でもいいのにな、とリーチは思った。

ホテルの外には、ヒースロー空港へ向かう二台のバスが待っていた。乗り込む前に、みんなで写真を撮ってもらった。

ミッション・コンプリート。みんな、それぞれに素敵な笑顔を見せている。エディーにいたっては、

「もう、こんなもの要らないね！」

と言って、ネクタイまで外してしまった。これだけ陽気なエディーは滅多に見られるものではない。イングランドに来てからすでに一カ月以上が経っていた。W杯を戦っている間もアップダウンがあった。しかし、終わってみればあっという間だった。プロップの山下裕史はついこの間まで、「早く帰りたい。もう、神戸に戻りたい」と第一列の仲間たちに、泣き言を言っていた。ところが、数日前、「終わっちゃうんですね、本当に」と、ふと漏らしてしまった。「なんだか寂しいな……」と言うと、「まったく女々しい奴だな、お前は」とスクラムを組む仲間たちにからかわれた。

W杯という大舞台を戦い終え、誰もが幸せな気分に浸っていたが、山下が感じるように、どうしても一抹の寂しさも漂っていた。

ヒースロー空港に向かうバスは、一号車と二号車に分かれていた。二号車の方はスタッフを中心に、選手では五郎丸歩、山田章仁、立川理道らのバックスの選手が多く乗っていた。廣瀬はたまったメールに返事を出したり、藤田はヘッドフォンで好きな音楽を聞きながら、ゆったりした時間を過ごしていた。藤田が言った。「向こうのバスはお酒で奮闘する人たちが集まりましたね。こっちは奮闘できない人たちだ」

車体に桜の模様が入った一号車は、どんちゃん騒ぎになっていた。誰かが言った。「こっちのバスはアルコール界のティアIだ！」

田中史朗が「エディー、ドリンク、ドリンク、エディー！」とどんどんビールを勧めるものだから、エディーもみるみる上機嫌になっていった。「あんなことが出来るのは、フミさんしかいない」とチームメイトは感心していた。

途中、パーキングエリアで休憩すると、堀江翔太が「もう、うまいもん食ってもええやろ」と思い立ち、田中を誘ってポンド札を切り、ビールやハンバーガー、ポテトを大量に買い込むことにした。田中は注文カウンターで、

「メニューの一番から十番まで、全部ください！」

と大量のジャンクフードを買い込み、バスの中で「ハンバーガーいる人、誰？」とリクエストを受け付け、次々と投げ渡す始末だ。

これまで選手たちは節制に節制を重ね、アルコールも、ハンバーガーなどのファストフードも断って、最高のコンディションを作るべく努力してきた。そんな日々は、終わった。どんなものでも、好きなだけ食べて、飲んでしまえ！

二号車に乗ったサントリーの社員選手で、酒豪として名高い真壁伸弥が、駐車場で一号車の面々につぶやいた。「乗るバス間違えた……」

一号車では興に乗った選手たちが、代表のチームソングを歌い始めた。

ジャパニーズ・ソルジャー
毎日つかれた
Red and white jersey
Play for our country
Aye ya ya
Aye ya ya ya
Aye ya ya
Aye ya ya ya

ハードワークしました
Play for each other
Pride in our jersey
Play for our country
Aye ya ya
Aye ya ya ya
Aye ya ya
Aye ya ya ya

ボブ・マーリーの『バッファロー・ソルジャー』の替え歌で、フランカーのツイヘンドリックが歌詞をつけた。

このチームソングは八月にポジションごとの食事会があったとき、メンバーのうちカーン・ヘスケス、ツイヘンドリック、マイケル・ブロードハースト、日本人では田中が、ホテルに戻ってからも「飲もうぜ」という話になり、その席上で「俺たちにはチームソングが必要だ！」という意見で盛り上がったときに作られた。

「日本人でも、誰もが知ってるメロディでないとダメだ」「歌詞は簡単な方がいいぜ」と意見

を出していたが、ツイの『バッファロー・ソルジャー』の替え歌が抜群のセンスを見せ、みんなが笑い転げていた。メロディラインが決まると、各自が歌詞のアイデアを出し始め、ブロードハーストが「毎日　つかれた」と歌って、それが採用された。

そして八月二十九日、秩父宮でウルグアイ相手に完封勝ちした後、ツイが印刷してきた歌詞カードを配り、バスの中で先導して歌いだすと、それにみんなが続いた。以降はバスの中だけに限らず、ウォームアップマッチのジョージア戦に勝った後や、W杯でも『ジャパニーズ・ソルジャー』の歌声が響くようになった。

小野はその歌声を聞きながら、このチームは本当に奇跡が現実になったのだと実感した。これまでのW杯を戦ったチームの面々も、それぞれに思い入れがあったはずだ。しかし、エディーの下での四年間は人間性が試され、日本代表であることの「プライド」を植えつけられた時間だった。そのなかでトンプソンをはじめ、日本での在住期間が長くなった外国出身の選手たちは、「日本への思い」を具体的なものにしようとアイデアを出すようになった。『ジャパニーズ・ソルジャー』はそのシンボルだ。

実は、エディーは日本人選手と外国出身の選手が対立した場合のシナリオを用意していた。W杯の二年前、菅平でのスタッフのミーティングの場で、「W杯までに予想されるトラブル」

のテーマのひとつとして取り上げられていたのだ。その他には、「スーパーラグビーで控えに回った選手の、帰国時のフィットネス回復プログラムの準備」といったシナリオをエディーは準備していた。

小野からすれば「エディーは最悪のシナリオを考えさせたら天下一品」の人間だった。試合についても最悪の状態を想定した上で練習プログラムを設定していく。だからこそ、常軌を逸した練習が実行に移されたのだ。小野も救急車で運ばれるほど、オールアウトした。南アフリカ戦の終盤、キックを蹴られてからのカウンターアタックはその練習のエッセンスがピッチで表現されたのだ。

しかし、全体の基となる「マスタープラン」はエディーの頭の中にしかなく、開示されることは決してない。スタッフ、選手が知るのはその一部だけなのだ。だから報告がないと、エディーは機嫌を損ねる。

選手を団結させること。それはエディーのプランの重要な部分を占めていた。もしも、選手間の対立が起きてしまったらチームは空中分解しかねない。選手の部屋割りも、日本人と外国出身者がペアになることが多かったし、食事の席で外国人が固まるのをエディーはものすごく嫌がった。そうすると、英語が話せる小野に、

「コウセイ、ちょっとあのテーブルに行って、いろいろと話してくれないか」

と頼んでくるのだ。

しかし、対立の心配は杞憂に終わった。小野は外国出身の選手たちをリスペクトした。なぜ、彼らはここまで日本代表に情熱を持ったのか。

まず、ラグビーが大好きなことだ。何歳になってもラグビーが上手くなりたい。当然のことながら高いレベルでプレーしたいし、常に強い相手、良い相手との試合を望んでいる。テストマッチ、ましてW杯となれば最高の舞台だ。代表のジャージを着てW杯を戦うのは、少年の頃からの夢だっただろう。ニュージーランド出身の選手たちはオールブラックスになりたかったに違いないが、その夢は破れた。しかし縁があって日本でプレーすることになり、今回の代表のメンバーはジャパンに対して新たなモチベーションを持っていたと思う。日本のジャージを着る、日本のために戦うというプライドを彼らは持った。

それは、日本で生まれた選手たちがそういう文化を作ってきたのだ。廣瀬がキャプテンだったときから、「日本で最高の、憧れのチームになろう」と声を上げ、率先してハードワークに取り組んだ。実際にそういう文化を醸成したのだ。外国出身の選手たちも、そうした姿勢を見て、日本でプレーすることの責任感を感じたのではないか。ひょっとしたら、四年前、八年前のW杯のときは、「W杯でプレーしたいから」というのが外国出身の選手のモチベーションだったかもしれない。本当のところは分からないが、今回のチームに限って言えば、日本のラ

グビーを変える、歴史を変える、そのことにみんなが本気になった。そして二〇一九年にはW杯日本大会が開催される。歴史の創造者になれる。その理想に全員が反応したのだ。エディーが思い描いていたことが、選手たちの力によって現実のものとなったのだ。

マイケル・ブロードハーストは、生まれた国は関係なく、チームのメンバー全員が日本代表が今まで成し遂げたことがないことをやってやろう、新しい歴史を作ろうという意識を共有出来たことがうれしかった。その気持ちが持てるようになったのは、あの地獄のようなトレーニングを耐えたからだ。W杯イヤーは特に信じられないほどの長い時間をメンバーたちと過ごしたが、だからこそ、仲間を信じることが出来るようになった。ブロードハーストには、日本人の足を引っ張りたくないという気持ちも芽生えていた。彼らが愛する日本代表のために、いいパフォーマンスを発揮したい。仲間と楽しい時を過ごしたい。だから、『ジャパニーズ・ソルジャー』だって生まれたんだ。

エディーは選手たちの歌を聞きながら穏やかな笑みを浮かべ、時折、ビールを口に含んだ。ネクタイを失くさないよう、気をつけながら飲んでいる。そして、小野に話しかけた。

「コウセイ、六月にスーパーラグビーの問題で揉めたことがあっただろう？」

「ありましたね」

「あのトラブルも良かったんじゃないかと思っている」

小野は驚いてエディーの顔を見た。スーパーラグビーの参戦を巡って、チームとエディーとの間に出来た溝は、一時は修復不可能とも思われた。しかし、それを乗り越えたからこそ、この賑やかなバスがある。エディーは続けた。

「あの問題があったからこそ、選手たち自身が問題を解決しようという空気が生まれた。『自主性』だよ。選手によって、スタンスは様々だっただろう。しかし、スーパーラグビーのことを考えることで、自分たちのチーム、日本人のためのラグビーという意識が間違いなく生まれた。そしてその意志の強さは試合でも表現されるんだ」

小野たちが過ごした時間は無駄ではなかったのだ。もちろん、チームは四年目を迎えて自主独立の機運は高まっていた。しかし、スーパーラグビーの問題を解決していく過程で、エディーにやらされるのではなく、自分たちがチームの主体であることを選手たちはハッキリと自覚した。

エディー、そして選手の両側から話を聞いていたメンタルコーチの荒木香織は、選手の自主性が芽生えたのはこの組織の必然だと思っていた。一年目から二年目にかけては勝利の文化を作り、日本ラグビー界にとって憧れの存在になるということが、リーダー・グループの目標だった。それが達成され、実力と自信がついてきた段階で「自分たちの環境は、自分たちで作らなければならない」ということが意識されるようになった。階段を上がったのだ。そしてW

杯の年を迎えて、選手たちからは「自主性」「主体性」ということがテーマとして挙がってきた。エディーをはじめとした指導陣から与えられるものではなく、自分たちから勝利をつかみとっていく姿勢が必要だと気づいたのだ。そこでスーパーラグビーの問題が起きた。必然的に選手たちに独立の機運が高まった。それでもチームが壊れなかったのは、W杯で勝つという一点で、エディーと選手たちは強く、太い絆でつながっていたからだ。

荒木はスポーツ心理学の他に女性学が専門だが、選手たちの独立までのプロセスに、女性が権利意識に目覚め、独立運動に乗り出していったムーブメントと重なるものを感じていた。選手たちは中学、高校、そして大学と、コーチの言いなりに練習することに慣れていた。しかし、エディーという強烈な指導者と出会うことで、考え、自分たちのアイデンティティを探さざるを得なくなった。

そして、集団として成長したのだ。

その象徴が南アフリカ戦のリーチの判断だ。

エディーの意志はリーチには届いたが、リーチは自分の感覚に従った。エディーも頑迷ではない。バスの中で、エディーは主将の判断に敬意を表していた。

「リーチは私の言うことを聞かなかった。素晴らしい判断だった。今回は、それで良かったんだ。キャプテンとは、最終的にチームを動かす存在でなければならない。コーチボックスと

ピッチでは感じることが違うからね」

そしてエディーはリーチがスーパーラグビーで経験したことが大きかったのだろうと話した。

「チーフスに行って、リーチは変わった。一流のプレーヤーから学んだことも多かっただろうし、南アフリカの選手の長所、短所を細かく知っていた。『個人では大した差はないです』と言い切っていたからね」

すべてのピースがW杯に向けて、埋まったのだ。


日本代表を乗せたバスがヒースロー空港に入っていく。搭乗までは、まだ時間がある。大学四年生の二人、藤田と福岡堅樹が大野均と一緒に酒宴に加わっていた。大野が言った。

「藤田、お前飲めるんだな。うれしいよ」

そしてまた、大野はどんどんどんどん酒を飲んだ。

一号車に乗った面々、マイケル・ブロードハーストやカーン・ヘスケスは、

「飛行機でも飲み明かすぞ！」

と意気軒昂だったが、飛行機のシートに収まると電池が切れたように眠りこけた。鉄人たちでも、W杯という戦争を戦ったあとでは十数時間以上も飲み通すことは無理なようだ。

機内は驚くほど静かで、内省的な時間が流れていた。

分析担当の中島正太はエディーのリーダーシップ、マネージメントについて考えを巡らせていた。なぜ、エディー・ジャパンは成功したのか、という命題についてだ。

まったく実績のないチームを劇的に変化させるためには、エディーのような激情家でなければ変えられないのだろうか？　それとも、違うアプローチ、より穏やかな方法で革命を起こすことも出来たのだろうか。

チームディレクターとして、協会を説得してヘッドコーチを招聘した稲垣純一もまた、エディーのことを考えていた。

選手、スタッフは本当によく耐えた。エディーもまた、みんなをよく耐えさせた。おそらく、みんなは一生忘れられない体験をした。自分だって、そうだ。最終的にはエディー・ジョーンズという稀代の勝負師についていった人間が結果を残した。

エディーの構成員を揺さぶるようなリーダーシップを、稲垣は勤務するサントリーでも体験していた。エディーと同じようなタイプのリーダーがいたのだ。

会議の席上、突然、想像もしていなかったことを質問し始めて、メンバーを揺さぶる現場を目撃した。すると、次回からメンバーの準備のレベルが上がるのだ。必然的に会議の緊張感、レベルは高まった。その人物は「ビジネスの鬼」だった。

エディーは「ラグビーの鬼」である。一切の妥協を許さず、自分の仕事と同じクオリティを構成員に求める。時として、「ビジネスの鬼」よりも厳しいとさえ感じたことさえあった。

エディーが好んでビジネス書を読むのは、マネージメントのヒントがちりばめられ、同意する部分が多いからだろう。

当時の森喜朗日本協会会長に直訴してまで、エディーに日本代表を任せたのは正解だったのだ。

ただ、稲垣にはひとつのシナリオが浮かび、それについて考えをめぐらせるのをやめることが出来なかった。

もしも南アフリカ戦が引き分けだったらどうなっていただろう？　歴史は違った展開を見せていたのではないか？　エディーも本音では南アフリカ戦は善戦でいいと思っていたはずだ。ただ、そう考えていたとしても、絶対に口に出す男ではない。

もしも、南アフリカ戦が引き分けで、ムードが盛り上がってもなお満足はできないハングリーな状態だったら、チームはどうなっていたのか。ひょっとしたら、スコットランドとはもっといい試合をしていたのではないか。いや、勝っていたかもしれない……。そうだったなら——。

稲垣は様々なことに考えをめぐらせながら、機内ではいつも通りにＤＶＤを見た。

『男はつらいよ』と『ゴッドファーザーPARTⅠ』である。

コーチング・コーディネーターの沢木敬介は帰りの機内で、ワインを堪能した。一度もパソコンを開いていない。

「ついにパソコンを立ち上げなくて済む日が来たか」

ひとつの仕事が終わったのだ――そう思うと感慨深かった。到着が近づいた機内アナウンスを聞くと、「もう五時間くらい飛行機に乗っていてもいいな」とさえ思った。

エディーにはいろいろなことを教わってきた。日大を卒業してサントリーに入ったとき、エディーはまだスポットコーチだった。今回のW杯に向けての過程で、インターナショナル・レベルのラグビーとはどんなものなのかを間近で見せてもらった。

「自分があのオヤジに恩返し出来るとするなら、それは自分のチームが、エディーのチームを倒すことしかない」

そう思った。そのための武器を身につけなければならない。そんなことを考えながら、沢木はワインをまたひと口飲んだ。

クレイグ・ウィングは、なぜエディーから課せられた地獄のような日々を耐えられたのかを

考えていた。

二〇一五年に入ってから、フリータイムはほとんどなかった。オフの日であっても、頭のどこかにはラグビーのことがあった。羽目を外してお酒を飲んだのは昨日が初めてだろう。結局、チーム全員が一丸となっていたから乗り越えられたのだ。チーム全体にアップダウンがあり、エディーのプランを疑ったこともあったし、自分自身に対する疑念が湧いたときもあった。ラグビー人生であれだけキツい練習は体験したことがなかった。なぜ、こんなことをやっているのか、チャレンジする価値はあるのか？　そう疑問に感じたこともあったし、みんなもそうだったのではないか。いつかみんなとゆっくりと話をしてみたい。

おそらく、残りの人生においても、これだけ感情の起伏の激しい時が訪れることはないだろう。

自分は特別な時間を過ごしていたんだ。

ウィングはそんな時間を与えてくれた「何か」に感謝していた。

堀江翔太はチームが解散する前に、リーチや立川理道にどうしても伝えておきたいことがあった。

いままではエディーが全部を仕切って、全部をコントロールされた中でラグビーをやってき

た。練習メニューは信じられないほどキツかった。これからヘッドコーチが交代して、代表の練習はもっと楽になるかもしれない。だけど、その楽な練習をどう生かすかは選手次第だ。自分たちにプラスになるためにはどうしたらいいのか。楽な練習のなかで、どうやったら巧くなれるのか。練習し、考え、そこで強くなるためにはヘッドスタートしかないというところに行き着けば、ヘッドスタートをすればいい。

いずれにせよ、やらされるのではなく、選手たちがスタンダードを高く設定して自分たちからやり抜かなければならない。

ヘッドスタートや四部練習がすべてではない。もしも、日本代表が二〇一六年以降に結果を出せなかったとしたら、「エディーのハードワークは素晴らしかった」というような美談がマスコミでも出てくるに違いない。

でも、俺たちがあの練習が良かったと肯定する必要は決してない。これからの四年間、次のW杯日本大会に向けては選手が決めなければいけないことが増えるだろう。

また、ジャパンのメンバーとして集まるときには、この四年間で培った「良い文化」を継承しながら、どんどん考えていこう。そう話すつもりだった。

「渡邉さま、渡邉さま」。広報の渡邉まゆ子は到着のおよそ二時間前、キャビン・アテンダン

トから声を掛けられ、起こされた。日本に帰ったら、メディア対応に追われ、寝られないかもしれない。機内では出来るだけ寝ておこうとしていた。何だろうと思った。

「渡邉さま、羽田空港に報道陣が集まっておりまして、混乱が予想されます。カメラマンの方々が、搭乗口のところで待ってらっしゃいます。そのための打ち合わせをさせていただけませんか?」

　寝起きだったこともあり、最初は「どういうことだろう」と思った。

「みなさまは、飛行機を最初にお出になられますか。それとも最後になさいますか?」

「どちらの方が他の乗客のみなさんのご迷惑にならないですか」

「それでしたら、最後まで残られた方がよろしいかと存じます」

　一気に覚醒した。頭のなかで流れを整理する。まず、スタッフに最初に降りてもらう。それから、選手だ。あれこれ考えているうちに、飛行機は高度を下げ始めた。九月一日、羽田を飛び立つときは、静かなものだった。そしていま、すべてが変わっていた。渡邉は選手たちに指示を徹底した。

「先に降りないでね。もう、飛行機を出たらメディアが待っているので、他の乗客のみなさんに先に出てもらってから、最後に降ります。全員、ネクタイが曲がっていないか、身だしなみを整えて」

準備は出来た。そして、エディーとリーチのふたりに、

「あなたたちが先頭で帰りましょう。あとは、みんなふたりに続いて」

エディーとリーチはうなずいた。

最初にスタッフが降り、渡邉がそのしんがりを務めた。そしてエディーとリーチに言った。

「私が降りてから、十秒後に出てきて」

渡邉は飛行機から降り、選手たちを待った。

エディーとリーチの姿が見えると、一斉にフラッシュが焚かれた。

日本のラグビーの歴史が変わっていた。

エピローグ
その後のエディー・ジャパン

村田毅はノンメンバーであると言い渡された後、千葉のＮＥＣの合宿所に戻ってからも、朝五時半に起きてヘッドスタートを続けた。エディーの「しっかりと準備をしておいてください」という言葉を忠実に守っていたのである。

日本代表が快進撃を続けていることに、正直、複雑な気持ちもあった。自分の何が足りなかったのか、誕生日に届いたエディーからのメールが自分の人生にどんな影響を与えたのか考えたこともあった。

千葉でのヘッドスタートは、日本対サモア戦の行われた十月三日まで続けられ、その間、一滴さえもアルコールを口にしなかった。

その夜、大学時代の監督である林雅人と会った村田は、久しぶりにテキーラを飲んだ。一杯、二杯、三杯……。盃が重なり、酩酊状態に陥った。そして、吐いた。たぶん、五杯は飲ん

でいたと思う。

いろいろあったけど、エディーさんに出会えてよかった。自分が甘く、「まあ、いいか」とないがしろにしていた部分をズバズバ指摘してきたのは、あの人だけだ。成長するために必要なことを教えてくれた恩人だ。だからこそ、何を言われても帰ろうとは一度も思わなかった。

田中史朗は南アフリカ戦が終わったあと、ハイランダーズのヘッドコーチ、ジェイミー・ジョセフからメールをもらった。

「フミ、君はスーパーラグビーの日本のチームとサインは済ませたのかい？」

田中は返信を出した。

「少し休む予定ですし、家族との時間も取りたい。それに俺がサインするのはハイランダーズだけ。ハハハ」

すると、ジョセフからすぐに返事がきた。

「じゃあ、ハイランダーズに来てくれないか？」

田中は二〇一五年のシーズンが終わって、もう二度とハイランダーズでプレーすることはないと思っていた。外国人選手の契約は通常二年で、スペシャルで一年追加というのが基本だったからだ。だからこそ、三年目でのスーパーラグビー優勝は何よりうれしいごほうびだった

し、最後だと思って自分も泣いて、チームメイトも泣いてくれた。

それなのに、またアイツらとプレーできると思うと興奮した。

「行きます」

田中は送信ボタンを押していた。

そして田中を誘ったジョセフは、エディーの次の日本代表ヘッドコーチに就任することになった。


マイケル・ブロードハーストは帰国して家族の顔を見た瞬間に、自分が安堵したことに気づいた。妻は三歳、一歳の子を抱えながら、第三子を妊娠していたため、W杯期間中はニュージーランドに帰っていた。子どもたちの顔を見るのも久しぶりだった。

ジャパンの日々はタフだった。家族にも犠牲を強いたが、自分の人生において価値のある日々だったことも間違いない。

そして十二月四日、成城学園前の駅前にある成城木下病院で、ブロードハースト家に第三子が誕生した。身長196センチのお父さんは、立ち会い出産でわが子の誕生を喜んだ。

フランス語通訳の福本美由紀はW杯のあと、少しばかり後悔を感じていた。英語通訳の佐藤

秀典は、ひとりで尋常ではないほどの仕事量をこなしていた。私が手伝えれば、私が英語も出来れば良かったのに――。そんな思いがあった。

思い立って、十一月にロンドンに二週間ほど英語の勉強に向かった。次に同じようなチャンスがあったら、絶対に後悔したくなかったから。

ロンドンに行く前には、すでにイングランドに戻っていたFWコーチのスティーブ・ボーズウィックと連絡を取り、「もしもロンドンで逢えたら、いいね」とメールでやり取りしていたのだが、それは実現しなかった。でも、ボーズウィックはロンドンの素敵なお店をたくさん紹介してくれた。

この旅では忘れられないことがある。

ロンドンに向かうべく、羽田空港に着いたときだ。

羽田のエレベーターの到着階を知らせるチャイム音と、宮崎の合宿先だったホテルのエレベーターのチャイム音がまったく一緒だった。福本は羽田にいるのに、

「えっ、ここって、宮崎？」

と一瞬、錯覚を起こした。

宮崎のはずがない――と気づいて、かすかに微笑んだ。

年が明け日本のトップリーグでは、リクシルカップの決勝でパナソニックと東芝が最後の最後まで勝負の行方が分からない激戦を演じ、パナソニックが1点差で三連覇を達成した。

二月に入ると、真っ先に田中史朗がニュージーランドへと飛び立った。そして、ほどなくしてスーパーラグビーに参加するサンウルブズが始動した。初代のキャプテンには堀江翔太が選ばれ、エディー・ジャパンのメンバーからは十人が参加した。W杯を前にノンメンバーとなった村田毅、垣永真之介、宇佐美和彦、山中亮平の四人も名を連ねている。

藤田慶和、福岡堅樹の大学生二人はリオデジャネイロ・オリンピックの七人制日本代表を目指すことにした。元気者の山田章仁はサンウルブズに参加しつつ、セブンズのワールドシリーズにも登場した。シドニーで行われた同大会には、分析担当で中島正太、広報担当で渡邉まゆ子が帯同していた。

二月五日には五郎丸歩がオーストラリアのレッズへ、その五郎丸と早稲田大学で同級生の畠山健介は、イングランドのニューカッスルへと短期移籍し、リザーブとして早々に公式戦出場を果たした。アマナキ・レレイ・マフィはイングランドのバースへ。出場二戦目に初トライを挙げた。また、スーパーラグビーでは松島幸太朗がレベルズ、山下裕史はリーチがプレーするチーフスと契約を結んだ。出発前の会見で五郎丸は、胸を張って言った。

「これだけのメンバーが海外でプレーするようになったのは、まさにW杯で日本が南アフリカ

に勝ったそのインパクトの象徴だと思います」

しんがりはリーチマイケルだった。当分、日本に帰ってくるつもりはない。

「チーフスで優勝したいからね」

リーチは八月の決勝を見据えていた。

リーチのチームメイト、廣瀬俊朗は三月一日に引退会見を開いた。


「刺激がない」

エディー・ジョーンズは、W杯が終わってからというもの、毎日がどうにも物足りなくて仕方がなかった。

やっぱり、ラグビーのことを考えて過ごすのがいちばんだ。

フランスに行き、友人たちと会ってラグビーとワインの日々も過ごした。上海にも行った。試合がないと満ち足りた気分は味わえない。早くストーマーズでの仕事が始まらないかとイライラしていた。

十一月四日、エディーが南アフリカに旅立つ日がやってきた。

大村は「朝早くて、ちょっとかわいそうかな」と思いつつ、エディーの空港に向かうハイヤーを朝の六時半に手配しておいた。

ボスをひとりで旅立たせるわけにはいかず、大村は前夜から都内に泊まることにした。自宅のある埼玉県の坂戸からでは、始発電車で来ても間に合わないからだ。外国人観光客が増えているせいもあって、さしてランクの高くないホテルでも、一万八千円もした。自腹である。エディーを見送るのにひとりでは淋しかろうと思って、協会のアシスタントの女性たちも誘ったら、朝、喜んで都内までやってきてくれた。

十一月四日の午前六時半、時間に正確なエディーは予定通りの時刻に自宅から出てきた。

「おはようございます」

エディーは南アフリカのケープタウンに住むといっても、単身赴任だ。休みになれば東京に戻ってくる。そうなれば、また一緒に時間を過ごす機会はあるだろう。しかし、「ボス」とスタッフとの関係で会うのは、この日が最後だった。

荷物を積み込み、エディーが車に乗り込む。大村とスタッフの女性たちが、手を振る。

「お元気で」

エディーの目が赤くなった。泣いている。車が羽田に向って走り出した。

大村はハイヤーが見えなくなるまで、見送っていた。

その足で、オフィスに向かうと、自分のデスクのところにクリケットのバットが置いてあっ

た。アディダス製のもので、エディーが愛用していたものだ。「なんだ、忘れ物か」と慌てて手に取ってみると、何やらメッセージが書き込んである。

〝JR, You have well done, good job.〟

ＪＲ、よくやった。素晴らしい仕事だった。

「どこにも、サンキューの文字はないな」

と大村は苦笑いした。いかにも、エディーらしいなと思った。感謝の文字はないけれど、それは大村に向けた最大限の感謝の表現なのだ。忘れ物ではなかった。これで、羽田に飛んでいかなくて済む。

とにかく複雑な人だった。ひと筋縄ではいかず、選手だけでなく、スタッフをとことん追い込んで最大限のものを引き出そうとする厳しいボスだった。

大村は自分のデスクから、エディーが使っていた部屋へとゆっくりと歩いていった。

主のいなくなった部屋が目に飛び込んでくる。かつて知恵を絞り、何枚ものペーパーが消費され、罵声が飛んだ部屋からはボスが消え、魂が抜かれたようになっていた。大村は入口でしばらく佇んだままだった。

すると、エディーが使っていたデスクに一冊の本が置いてある。忘れ物か？　赤いカバーの本だ。タイトルが目に飛び込んできた。

〝Good Boss, Bad Boss〟

いい上司と、悪い上司。

大村はまたも苦笑いをせざるを得なかった。

エディーからの最後の謎掛けだった。

どう返すかは、それぞれの選手、スタッフの心の奥に聞いてみなければ分からなかった。

それから一カ月も経っていない十一月二十日、世界のラグビー界が動いた。

エディー・ジョーンズがわずか二週間ほどでストーマーズを離れ、三顧の礼をもってイングランド代表の監督に迎え入れられたのだ。

果たして、日本の選手たちと、エディーの人生が再び交錯することはあるのだろうか。

その答えは、今は誰も知らない。

取材協力（W杯時の役職）

エディー・ジョーンズ（ヘッドコーチ）
リーチマイケル（キャプテン）
稲垣啓太
三上正貴
湯原祐希
堀江翔太
木津武士
畠山健介
山下裕史
伊藤鐘史
マイケル・ブロードハースト
田中史朗
小野晃征
立川理道
松島幸太朗
クレイグ・ウィング
廣瀬俊朗
藤田慶和
五郎丸歩
村田毅
稲垣純一（チームディレクター）
沢木敬介（コーチングコーディネーター）
井澤秀典（ヘッドトレーナー）
荒木香織（メンタルコーチ）
中島正太（分析）
大村武則（総務）
渡邉まゆ子（広報）
佐藤秀典（通訳）
福本美由紀（通訳）
上野裕一（JSRA理事）

順不同・敬称略

生島 淳（いくしま・じゅん）

1967年、宮城県気仙沼市生まれ。ノンフィクションライター。早稲田大学社会科学部卒業後、博報堂に入社。1999年に独立。メジャーリーグ、NBAなどのアメリカンスポーツ、ラグビー、水泳、陸上などを取材範囲とし、オリンピックは1996年のアトランタ大会から足を運ぶ。「スポーツ・グラフィック　ナンバー」での執筆や、NHK、TBSラジオ等にも出演。『スポーツを仕事にする！』『箱根駅伝 勝利の方程式』『気仙沼に消えた姉を追って』『エディー・ジョーンズとの対話　コーチングとは「信じること」』など著作多数。『ウサイン・ボルト自伝』では翻訳を務めた。

エディー・ウォーズ

2016年3月25日　第1刷発行

著　者　生島《いくしま》 淳《じゅん》
発行者　石井潤一郎
発行所　株式会社　文藝春秋
〒102-8008　東京都千代田区紀尾井町3-23
電話　03-3265-1211
印刷所　光邦
製本所　新広社

定価はカバーに表示してあります。

ISBN978-4-16-390431-3

生島淳の本　文藝春秋刊

ラグビー日本代表ヘッドコーチ　エディー・ジョーンズとの対話

コーチングとは「信じること」

W杯南アフリカ戦勝利の快挙は
必然だった！　世界を驚かせた
指揮官が語る組織論。

Number Books

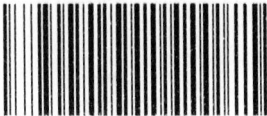